Die UNCITRAL Arbitration Rules als *semi-institutionelle* Schiedsverfahrensregeln

Schriftenreihe der August Maria Berges Stiftung für Arbitrales Recht

Herausgegeben von Hubertus W. Labes

Band 28

Zur Qualitätssicherung und Peer Review der vorliegenden Publikation

Die Qualität der in dieser Reihe erscheinenden Arbeiten wird vor der Publikation durch den Herausgeber der Reihe geprüft.

Notes on the quality assurance and peer review of this publication

Prior to publication, the quality of the work published in this series is reviewed by the editor of the series.

Mirko Widdascheck

Die UNCITRAL Arbitration Rules als *semi-institutionelle* Schiedsverfahrensregeln

PL ACADEMIC RESEARCH

Bibliografische Information der Deutschen Nationalbibliothek
Die Deutsche Nationalbibliothek verzeichnet diese Publikation in der Deutschen Nationalbibliografie; detaillierte bibliografische Daten sind im Internet über http://dnb.d-nb.de abrufbar.

ISSN 1435-4748
ISBN 978-3-631-67540-3 (Print)
E-ISBN 978-3-653-06969-3 (E-Book)
DOI 10.3726/978-3-653-06969-3

PL Academic Research ist ein Imprint der Peter Lang GmbH.

Peter Lang – Frankfurt am Main · Bern · Bruxelles · New York · Oxford · Warszawa · Wien

Diese Publikation wurde begutachtet.

www.peterlang.com

Vorwort

Diese Monographie entstand im Rahmen meines Auslandsstudiums an der „Stockholms universitet". Sie wurde Ende 2012 an der Juristischen Fakultät der Leibniz Universität Hannover zum Erwerb des „*Magister Legum Europae*" (M.L.E.) eingereicht und nach Abschluss der Ersten Juristischen Prüfung im Jahre 2015 aktualisiert. Ich danke Herrn Prof. Dr. Hermann Butzer für die Betreuung der Arbeit und die Unterstützung bei der Veröffentlichung. Herrn Prof. Dr. Volker Epping danke ich für die zügige Zweitkorrektur der Arbeit.

Der August Maria Berges Stiftung für Arbitrales Recht danke ich herzlich für die Aufnahme in die Schriftenreihe.

Hannover, den 29.2.2016 Mirko Widdascheck

Inhaltsverzeichnis

Literaturverzeichnis

ADEN, MENNO: Internationale Handelsschiedsgerichtsbarkeit, 2. Auflage 2003

ALBERS, STEPHAN: Der parteibestellte Schiedsrichter im schiedsgerichtlichen Verfahren der ZPO und das Gebot überparteilicher Rechtspflege, Frankfurt a.M. 1995

AMRO, IHAB: The Refusal of Recognition and Enforcement of a Foreign Arbitral Award under the New York Convention of 1958: A Comparative Study in Common Law and Civil Law Countries, Vindobona Journal of International Commercial Law and Arbitration 2011, S. 365–388

ARKIN, HARRY: International Ad Hoc Arbitration: A Practical Alternative, International Business Lawyer 1987, S. 5–12

BENEYTO, JOSÉ-MARIA / BRÖDERMANN, ECKART / MEYER, BERNHARD F. / ZHAO, HANG: Neue Wege in der Schiedsgerichtsbarkeit: das Chinese European Arbitration Centre (CEAC) für China-Verträge, Recht der Internationalen Wirtschaft 2011, S. 12–29

BERGER, KLAUS PETER: Schiedsrichterbestellung in Mehrparteienschiedsverfahren – Der Fall „Dutco Construction“ vor französischen Gerichten, Recht der Internationalen Wirtschaft 1993, S. 702–709

BERGER, KLAUS PETER: Aufgaben und Grenzen der Parteiautonomie in der internationalen Wirtschaftsschiedsgerichtsbarkeit, Recht der Internationalen Wirtschaft 1994, S. 12–18

BERGER, KLAUS PETER: Herausforderungen für die (deutsche) Schiedsgerichtsbarkeit, Zeitschrift für Schiedsverfahren 2009, S. 289–299

BINDER, PETER: International commercial arbitration and conciliation in UNCITRAL model law jurisdictions, 3. Auflage, London 2010

BINDER, PETER: Analytical Commentary to the UNCITRAL Arbitration Rules, London 2013

BLACK, HENRY CAMPBELL: Black’s Law Dictionary, 8. Auflage, St. Paul 2004

BLESSING, MARC: Die LCIA Rules – aus der Sicht des Praktikers, Zeitschrift für Schiedsverfahren 2003, S. 198–206

BLOCK-LIEB, SUSANN / HALLIDAY, TERENCE: Legitimation and Global Lawmaking, Fordham Law Legal Studies Research Paper No 952492, Dezember 2006, abrufbar unter: http://ssrn.com/abstract=952492

Böckstiegel, Karl-Heinz: Schiedsgerichte und staatliche Gerichte; Neue Entwicklungen und Folgerungen für Vertrags- und Schiedsgerichtspraxis, Recht der Internationalen Wirtschaft 1979, S. 161–166

Böckstiegel, Karl-Heinz: Die UNCITRAL-Verfahrensordnung für Wirtschaftsschiedsgerichtsbarkeit und das anwendbare Recht, Recht der Internationalen Wirtschaft 1982, S. 706–712

Böckstiegel, Karl-Heinz: Die Schiedsgerichtsbarkeit in Deutschland, Zeitschrift für Schiedsverfahren 2009, S. 3–8

Böckstiegel, Karl-Heinz / Kröll, Stefan michael / Nacimiento, Patricia: Arbitration in Germany; The Model Law in Practice, Alphen aan den Rijn 2007

Born, Gary B.: International Commercial Arbitration, 2. Auflage, Alphen aan den Rijn, 2014

Bredow, Jens: Das neue 10. Buch der ZPO – ein Überblick, Betriebs Berater Beilage 1998, Nr. 2, S. 2–6

Bredow, Jens: Aus dem Tagebuch einer Schiedsgerichtsinstitution, Zeitschrift für Schiedsverfahren 2009, S. 22–26

Caron, David / Caplan, Lee: The UNCITRAL Arbitration Rules – A Commentary, 2. Auflage, Oxford 2013

Crawford, James: The Permanent Court of Arbitration and Mixed Arbitration, on the occasion of a Celebration of the Centenary of the PCA, 18.10.2007, abrufbar unter: http://www.pca-cpa.org/upload/files/Crawford%20EN.pdf

Deutsche Institution für Schiedsgerichtsbarkeit E.V.: Übernahme des UNCITRAL Modellgesetzes über die Internationale Handelsschiedsgerichtsbarkeit in das Deutsche Recht, Köln 1989, abrufbar unter: http://www.dis-arb.de/upload/varia/DIS_Entwurf.pdf

Deutsche Institution für Schiedsgerichtsbarkeit E.V.: Entwicklung der Anzahl der Schiedsverfahren nach DIS-SchO; abrufbar unter: http://www.dis-arb.de/de/39/content/statistik-id54

Derains, Yves / Schwartz, Eric: A guide to the ICC rules of arbitration, 2. Auflage, Den Haag 2005

Drymer, Stephen L.: The revised 2010 UNCITRAL Arbitration Rules: New Rules / New Roles for Designating and Appointing Authorities, Swiss Arbitration Association Bulletin 2010, S. 869–877

Faria, Jose Angelo Estrella: The Relationship between formulation agencies in international legal harmonization: Competition, Cooperation, or peaceful coexistence? A few remarks on the experience of UNCITRAL, Loyola Law Review 2005, S. 253–284

Fouchard, Philippe: Les travaux de la C.N.U.D.C.I., Le règlement d'arbitrage, Journal du Droit International 1979, S. 816–845

Gaillard, Emmanuel / Savage, John: Fouchard / Gaillard / Goldman on International Commercial Arbitration, Den Haag 1999

Glossner, Otto arndt: 75 Jahre institutionelle Schiedsgerichtsbarkeit in Deutschland, Betriebs Berater Beilage 1996, Nr. 5, S. 3–5

Götz Staehelin, Claudia / Gola, Pascale / Graf, Karin: Institutional Arbitration, Tasks and Powers of different Arbitration Institutions, Zürich 2009

Grimmer, Sarah: The Expanded Role of the Appointing Authority under the UNCITRAL Arbitration Rules 2010, Journal of International Arbitration 2011, S. 501–517

Hobér, Kaj: International Commercial Arbitration in Sweden, Oxford 2011

International Chamber of Commerce: Statistical Report 2009, abrufbar unter: http://www.iccmex.mx/intranet/documentos/Stat%20Report%20 2009-1%20ENG.PDF

Kronke, Herbert / Nacimiento, Patricia / Otto, Dirk / Port, Nicola: Recognition and Enforcement of Foreign Arbitral Awards: A Global Commentary on the New York Convention, Alphen aan den Rijn 2010

Lachmann, Jens-Peter: Handbuch für die Schiedsgerichtspraxis, 3. Auflage, Köln 2008

Laschet, Franz: Die Mehrparteienschiedsgerichtsbarkeit, in: Festschrift für Arthur Bülow, München 1981, S. 85–128

Lembcke, Oliver W.: Hüter der Verfassung; Eine institutionentheoretische Studie zur Autorität des Bundesverfassungsgerichts, Tübingen 2007

Levine, Judith: Current Trends in International Arbitration Practice as Reflected in the Revision of the UNCITRAL Arbitration Rules, University of New South Wales Law Journal 2008, S. 266–281

Lew, Julian / Mistelis, Loukas / Kröll, Stefan: Comparative International Commercial Arbitration, Den Haag 2003

LIONNET, KLAUS: Handbuch der internationalen und nationalen Schiedsgerichtsbarkeit, 2. Auflage, München 2001

LÖRCHER, TORSTEN / LÖRCHER, GINO: Organisation eines Ad-hoc-Schiedsverfahrens, Zeitschrift für Schiedsverfahren 2005, S. 179–189

MADSEN, FINN: Commercial Arbitration in Sweden, 3. Auflage, New York 2007

MEURER, CHRISTIAN: Die Haager Friedenskonferenz, I. Band, Das Friedensrecht der Haager Konferenz, 1905; abrufbar unter: http://brittlebooks.library.illinois.edu/brittlebooks_open/Books2008-05/meurch0001haafri/meurch0001haafriv00001/meurch0001haafriv00001_ocr.txt

MOSS, GIUDITTA CORDERO: Revision of the UNCITRAL Arbitration Rules: Further Steps; International Arbitration Law Review 2010, S. 96–99

LORD MUSTILL, MICHAEL: Arbitration: History and Background, Journal of International Arbitration Vol. 6 No. 2, 1989, S. 43–56

NÖCKER, THOMAS: Mehrparteienschiedsverfahren – Quo Vadis?, in: Festgabe für Otto Sandrock, Heidelberg 1995, S. 193–203

PACHELBEL-GEHAG, JOHANN VON: Das reformierte deutsche und schwedische Schiedsverfahrensrecht; Eine vergleichende Betrachtung unter Berücksichtigung des UNCITRAL Modellgesetzes über die internationale Handelsschiedsgerichtsbarkeit, Frankfurt a.M. 2002

PAIR, LARA. M. / FRANKENSTEIN, PAUL: The new ICC Rule on Consolidation: Progress or change? Emory International Law Review 2011, Vol. 25 Issue 3, S. 1061–1085

PARTASIDES, CONSTANTINE: The Fourth Arbitrator? The Role of Secretaries to Tribunals in International Arbitration, Arbitration International 2002, S. 147–164

PAULSSON, JAN / PETROCHILOS, GEORGIOS: Revision of the UNCITRAL Arbitration Rules, undatiert, S. 1–216, abrufbar unter: http://www.uncitral.org/pdf/english/news/arbrules_report.pdf

PETROCHILOS, GEORGIOS: Interim Measures under the Revised UNITRAL Arbitration Rules, Swiss Arbitration Association Bulletin 2010, S. 878–890

PERMANENT COURT OF ARBITRATION: Annual Reports of 2006, 2007, 2008, 2009, 2010, 2011; 2012, 2013, 2014 abrufbar unter: http://www.pca-cpa.org/showpage.asp?pag_id=1069

PLATTE, MARTIN: When should an Arbitrator Join Cases?, Arbitration International 2002, S. 67–81

PÖRNBACHER, KARL / BAUR, SEBASTIAN: Die Reform der Schiedsgerichtsordnung der ICC, Betriebs Berater 2011, S. 2627–2633

PRÜTTING, HANNS / GEHRLEIN, MARKUS: ZPO-Kommentar, 6. Auflage, Köln 2014

QUEEN MARY UNIVERSITY OF LONDON: International Arbitration: Corporate attitudes and practices 2008, London 2009, abrufbar unter: http://www.pwc.co.uk/en_UK/uk/assets/pdf/pwc-international-arbitration-2008.pdf

QUEEN MARY UNIVERSITY OF LONDON: 2010 International Arbitration Survey: Choices in International Arbitration, London 2009, abrufbar unter: http://www.arbitration.qmul.ac.uk/docs/123290.pdf

REDFERN, ALAN / HUNTER, MARTIN: Redfern and Hunter on International Arbitration, bearbeitet von Nigel Blackaby und Constantine Partasides, Student Version, 5. Auflage, New York 2009

SABATER, ANÌBAL: When Arbitration Begins Without a Seat, Journal of International Arbitration 2010, S. 443–472

SANDERS, PIETER: Commentary on UNCITRAL Arbitration Rules, Yearbook Commercial Arbitration II, 1977, S. 172–219

SANDERS, PIETER: Has the Moment Come to Revise the Arbitration Rules of UNCITRAL?, Arbitration International 2004, Vol. 20, Nr. 3, S. 243–268

SANDERS, PIETER: The revision of the UNCITRAL Arbitration Rules, August 2009, abrufbar unter: http://www.arbitration-icca.org/media/0/12520481290330/piet_sanders_uncitral_ comments.pdf

SCHAEFFER, T. EVAN: Compulsory Consolidation of Commercial Arbitration Disputes; Saint Louis University Law Journal 1989, S. 495–515

SCHLABRENDORFF, FABIAN VON: Parallele Verfahren, Aufnahme von Dritten, Verbindung von Verfahren: Erfahrungen aus der Praxis der ICC, in: Schriftenreihe der Deutschen Institution für Schiedsgerichtsbarkeit, Band 16, Die Beteiligung Dritter an Schiedsverfahren, S. 55–69

SCHLOSSER, PETER: Das Recht der internationalen privaten Schiedsgerichtsbarkeit, 2. Auflage, Tübingen 1989

SCHMITT, CARL: Der Hüter der Verfassung, Berlin 1931

SCHÜTZE, ROLF A.: Deutsche Institution für Schiedsgerichtsbarkeit e.V. (DIS), Praxisbezogene Anmerkungen, Zeitschrift für Schiedsverfahren 2003, S. 178–180

SCHÜTZE, ROLF A.: Institutionelle Schiedsgerichtsbarkeit, 2. Auflage, Köln 2011

SCHÜTZE, ROLF A.: Institutional Arbitration, München 2013

SCHUMACHER, KLAUS: Das neue 10. Buch der Zivilprozessordnung im Vergleich zum UNCITRAL-Modellgesetz über die internationale Handelsschiedsgerichtsbarkeit, Betriebs Berater 1998, Nr. 2, S. 6–17

SCHWAB, KARL HEINZ: Mehrparteienschiedsgerichtsbarkeit und Streitgenossen-schaft, in: Festschrift für Walther J. Habscheid, S. 285–294, Bielefeld 1989

SCHWAB, KARL HEINZ / WALTER, GERHARD: Schiedsgerichtsbarkeit, 7. Auflage, München 2005

SMIT, HANS / MISTELIS, LOUKAS: Roster of International Arbitrators, 2. Auflage, New York 2012

SONNAUER, HEINZ: Die Kontrolle der Schiedsgerichte durch die staatlichen Gerichte, Internationales Wirtschaftsrecht Band 10, Köln 1992

STOCKHOLM ARBITRATION ASSOCIATION: Arbitration in Sweden, 2. Auflage, Stockholm 1984

STOCKHOLM ARBITRATION ASSOCIATION: Arbitration in Sweden, 3. Auflage, Stockholm 2011

TORGGLER, HELLWIG: Praxishandbuch Schiedsgerichtsbarkeit, Wien 2007

UGARTE, RICARDO / BEVILACQUA, THOMAS: Ensuring Party Equality in the Process of Designating Arbitrators in Multiparty Arbitration: An Update on the Governing Provisions, Journal of International Arbitration 2010, S. 9–49

VON VITZTHUM, GRAF: Völkerrecht, 6. Auflage, Berlin 2013

VORWERK, VOLKERT / WOLF, CHRISTIAN: Beck'scher Online Kommentar zur ZPO, 15. Edition, München 2015

VOSER, NATHALIE: Overview of the Most Important Changes in the Revised ICC Arbitration Rules, Swiss Arbitration Association Bulletin 2011, S. 783–820

WAINCYMER, JEFF: The new UNCITRAL Arbitration Rules: An Introduction and Evaluation, Vindobona Journal 2010, S. 223–248

WEBSTER, THOMAS: Handbook of UNCITRAL Arbitration, London 2012

WETTER, GILLIS: Institutional Arbitration in Sweden: A Guide to the 1988 Rules of the Arbitration Institute of the Stockholm Chamber of Commerce, Arbitration Journal 1988, S. 5–11

WIRTH, MARKUS: The Current Revision of the UNCITRAL Arbitration Rules, undatiert, S. 1–17, abrufbar unter: http://www.homburger.ch/fileadmin/publications/UONO26O_01.pdf

WOLF, CHRISTIAN: Die institutionelle Handelsschiedsgerichtsbarkeit, München 1992

Dokumente der UNCITRAL

Alle zitierten Dokumente der UNCITRAL und insbesondere der 2. Arbeitsgruppe (zuständig für Arbitration und Conciliation) sind auf der Internetpräsenz verfügbar: http://www.uncitral.org/uncitral/en/index.html.

Internetquellen

Alle zitierten Internetquellen wurden zuletzt gesichtet am: 29.2.2016.

Abkürzungsverzeichnis

Abkürzungen der angeführten Institutionen

AAA	American Arbitration Association
ACICA	Australian Centre for International Commercial Arbitration
CEAC	Chinese European Arbitration Centre
CRCICA	Cairo Regional Centre for International Commercial Arbitration
DIS	Deutsche Institution für Schiedsgerichtsbarkeit e.V.
ICC	International Chamber of Commerce
ICDR	International Centre for Dispute Resolution
KLRCA	Kuala Lumpur Regional Centre for Arbitration
LCIA	London Court of International Arbitration
PCA	Permanent Court of Arbitration
SCC	Stockholm Chamber of Commerce
UNCITRAL	United Nations Commission on the International Trade Law

Bzgl. der sonstigen Abkürzungen wird auf das folgende Werk verwiesen

Kirchner, Hildebert/ Pannier, Dietrich	Abkürzungsverzeichnis der Rechtssprache 7. Auflage, Berlin 2013

A. Problemaufriss

> *« Assez curieusement, et bien que la UNCITRAL ait du renoncer, un peu sous la pression de ces institutions, à l'élaboration d'un règlement institutional type,* ***l'arbitrage semi-organisé*** *qu'elle a finalement mis au point, loin d'apparaitre comme un instrument concurrent des facilités institutionelles qu'elles proposent aux opératuers du commerce international, a soulevé chez elles un vif intérêt ».*[1]

Mit diesen Worten klassifizierte der französische Schiedsrechtler Philippe Fouchard bereits 1979 die von der „United Nations Commission on the International Trade Law" (im Folgenden: UNCITRAL) drei Jahre zuvor veröffentlichten Schiedsverfahrensregeln als semi-institutionelle Schiedsverfahrensregeln („l'arbitrage semi-organisé"). In den Erwägungsgründen zur Verabschiedung der UNCITRAL Arbitration Rules von 1976 in Resolution 31/98 der Generalversammlung der Vereinten Nationen wurde das Regelwerk hingegen ausdrücklich als ad hoc Schiedsverfahrensregeln eingestuft. Dort heißt es:

> *"Being convinced that the establishment of rules for* ***ad hoc arbitration*** *that are acceptable in countries with different legal, social and economic systems would significantly contribute to the development of harmonious international economic relations".*[2]

Die vorliegende Arbeit setzt sich mit diesen divergierenden Einordnungen auseinander. Dabei ist insbesondere die Rolle der sogenannten „Ernennenden Stelle" entscheidend, die für das Regelwerk der UNCITRAL geschaffen wurde. Diese kann in gewissen Situationen in das Verfahren eingreifen und übernimmt einige der Funktionen, die in institutionellen Schiedsverfahren

1 *Fouchard*, Les travaux de la C.N.U.D.C.I., Le règlement d'arbitrage, Journal du Droit International 1979, S. 816, 842. Das Zitat Fouchards bedeutet in etwa: „Merkwürdigerweise, und obwohl UNCITRAL, ein wenig unter Druck dieser Institutionen, auf die Ausarbeitung eines typischen institutionellen Reglements verzichten musste, hat das schließlich von ihr erstellte semi-institutionelle Schiedsverfahrenssystem – weit davon entfernt als ein konkurrierendes Instrument zu den institutionellen Fazilitäten zu erscheinen, die diese den Operatoren des internationalen Handels anbieten – ein lebhaftes Interesse bei ihnen [*d. Verf.* „den Institutionen"] hervorgerufen."

2 A/RES/31/98.

von den inkorporierten Schiedsinstitutionen übernommen werden. Dadurch kann die Effizienz des Verfahrens gestärkt werden, die Flexibilität eines ad hoc Verfahrens tritt hingegen in den Hintergrund. Mit der Novellierung der UNCITRAL Arbitration Rules im Jahre 2010 (novellierte Fassung im Folgenden: UNCITRAL Schiedsverfahrensregeln) wurden der Ernennenden Stelle sogar noch weitere Kompetenzen übertragen. Damit könnten die Eingriffsmöglichkeiten von außen in institutionellen Schiedsverfahren und in Verfahren unter UNCITRAL Schiedsverfahrensregeln jedoch soweit vergleichbar sein, dass die „ad hoc" Schiedsverfahrensregeln der UNCITRAL dieser Einordnung nicht mehr gerecht werden. Spätestens jetzt könnten sie – in Anlehnung an die Formulierung Fouchards – als „semi-institutionelle" Schiedsverfahrensregeln zu bezeichnen sein.

Für die Überprüfung dieser These werden die Unterschiede zwischen institutionellen und ad hoc Schiedsverfahren herausgearbeitet. Wichtigstes Kriterium für eine Einordnung der Schiedsverfahrensregeln sind die Eingriffsmöglichkeiten von außen. Folglich wird im Hauptteil dieser Bearbeitung untersucht, ob die UNCITRAL Schiedsverfahrensregeln in den verschiedenen Stadien des Schiedsverfahrens mit Blick auf die Eingriffsmöglichkeiten von außen Lösungen gefunden haben, die den institutionellen Schiedsverfahrensregeln oder den nationalen Schiedsgesetzen ähneln.

Die nationalen Schiedsgesetze beinhalten nur grundlegende Vorgaben für die Durchführung eines Schiedsverfahrens. Sie sind sozusagen der Urtyp eines ad hoc Schiedsverfahrens und basieren überwiegend auf dem UNCITRAL Modellgesetz. Daher ist dieses Modellgesetz als Maßstab für eine mögliche Einordnung als ad hoc Schiedsverfahrensregeln anzuführen.

Als Gegenstück und Vertreter der institutionellen Schiedsverfahrensregeln werden die Regelwerke der Deutschen Institution für Schiedsgerichtsbarkeit e.V. („DIS"), des Schiedsinstituts der schwedischen Handelskammer („SCC") und der Internationalen Handelskammer („ICC") herangezogen. Die erstgenannten Einrichtungen sind in ihrer Bedeutung eher regional begrenzt. Die DIS möchte mit einem sehr flexiblen Regelwerk größere Akzeptanz gewinnen und greift daher „so wenig wie möglich und nicht mehr als nötig"[3] in das Schiedsverfahren ein. Das SCC spielt aufgrund Schwedens

3 *Theune* in: Schütze, Institutionelle Schiedsgerichtsbarkeit, S. 150.

Neutralitätsstatus in der internationalen Politik insbesondere in Konflikten zwischen Parteien aus den alten Ost- und Weststaaten des Kalten Krieges eine besondere Rolle. Auch diese Schiedsinstitution hält sich in der Administration merklich zurück.[4] Das Regelwerk der ICC findet hingegen weltweit Anwendung. Es gilt als der „Rolls Royce“[5] unter den Schiedsverfahrensregeln, schließlich bietet die Institution den Parteien den größten Komfort. Das Schiedsinstitut der ICC greift häufiger in das Schiedsverfahren ein, um die verschiedenen Auffassungen der universell tätigen Schiedsparteien in ein faires Schiedsverfahren umzumünzen. Der Ansatz von DIS und SCC könnte somit zu Übereinstimmungen mit den UNCITRAL Schiedsverfahrensregeln führen. Die Administration der weltweit durchgeführten Schiedsverfahren durch die ICC ist hingegen relativ umfassend und könnte sozusagen als „Gegenpol“ zu den UNCITRAL Schiedsverfahrensregeln die größten Unterschiede aufweisen. Gemeinsam zeigen sie die Vielfalt der institutionellen Schiedsverfahrensregeln und sind daher ein guter Vergleichsmaßstab für die folgende Bearbeitung.

Zunächst werden die für das Verständnis der weiteren Ausarbeitung notwendigen Grundlagen dargestellt. Dazu gehört eine Einführung in die Grundlagen des Schiedsverfahrensrechts (**B. I., II.**) sowie eine Darstellung der wesentlichen Aspekte von ad hoc und institutionellen Schiedsverfahren und der Hintergründe der bereits angeführten Schiedsinstitutionen (**B. III.**). Des Weiteren wird die Genese der UNCITRAL Schiedsverfahrensregeln dargelegt und ihr besonderer Lösungsweg in bestimmten Bereichen herausgearbeitet. Die Darstellung wird durchgehend mit Blick auf die Rolle der sog. Ernennenden Stelle und der sog. Bestimmenden Stelle (**B. IV. 3.**) vorgenommen. Diese beiden Stellen haben gewisse Eingriffsmöglichkeiten inne, die mit denen der Schiedsinstitution in institutionellen Schiedsverfahren zu vergleichen sind. Daher werden in Teil (**C.**) die Eingriffsmöglichkeiten in ein Verfahren unter UNCITRAL Schiedsverfahrensregeln mit denen in ein institutionelles Schiedsverfahren unter den Regelwerken von ICC, SCC und DIS verglichen. Dazu

---

4 *Pavlica* in: Götz Staehelin / Gola / Graf, Institutional Arbitration, Tasks and Powers of different Arbitration Institutions, S. 230: „*involvement that is necessary while minimizing any superfluos bureaucracy*“.

5 *Heitzmann* in: Götz Staehelin / Gola / Graf, Institutional Arbitration, Tasks and Powers of different Arbitration Institutions, S. 135.

zählen z.B. die Kompetenzen zur Entscheidung über die Zuständigkeit, den Sitz des Schiedsverfahrens, die Administration des Verfahrens und die Kostenüberprüfung. Vertieft werden die Unterschiede zwischen institutionellen Schiedsverfahrensregeln und UNCITRAL Schiedsverfahrensregeln in Bezug auf die Zusammensetzung des Schiedsgerichts dargestellt. Letzteres ist die bedeutendste Eingriffsmöglichkeit von außen, da sich die Parteien einer privaten Gerichtsbarkeit unterwerfen. Um ein faires Verfahren zu gewährleisten, muss dieser Aspekt in jeglichen Schiedsverfahrensregeln mit besonderem Bedacht geregelt werden. In Teil C der Bearbeitung sollen somit die Gemeinsamkeiten und Unterschiede zwischen den UNCITRAL Schiedsverfahrensregeln und den institutionellen Schiedsverfahrensregeln aufgezeigt werden, die für eine Einordnung als ad hoc oder institutionelles Regelwerk entscheidend sind. Die abschließende Schlussbetrachtung greift die wesentlichen Erkenntnisse noch einmal auf (**D.**).

B. Die Grundlagen der Schiedsgerichtsbarkeit

Die Schiedsgerichtsbarkeit ist ein alternativer Streitbeilegungsmechanismus und basiert auf der Parteiautonomie.[6] Die Vertragspartner können in einer selbstständigen Vereinbarung („Schiedsabrede") oder einer Vertragsklausel („Schiedsklausel") bestimmen, mögliche Streitigkeiten einem privaten Verfahren ihrer Wahl zu unterwerfen („Schiedsvereinbarung").[7] Auch nach Entstehung der individuellen Streitigkeit können sich die Parteien auf ein privates Verfahren einigen (sog. „Submission Agreement").[8] Die alternative Streitbeilegung (sog. „Alternative Dispute Resolution") wurde mit dem Erstarken des grenzüberschreitenden Handels spätestens im Mittelalter bedeutender, um das Verfahren an die Gegebenheiten anzupassen und im Idealfall Zeit und Geld sparen.[9] Im Gegensatz zu anderen Formen der alternativen Streitbeilegung werden vertragliche Schiedsklauseln allgemein anerkannt und der vom Schiedsgericht erlassene Schiedsspruch in fast allen Staaten der Welt vollstreckt (**I.**). Um ein faires Schiedsverfahren zu gewährleisten, wird es durch das Zusammenspiel von staatlichen Schiedsgesetzen und privaten Schiedsverfahrensregeln in geordnete Bahnen gelenkt (**II.**). Dabei kann zwischen ad hoc und institutionellen Schiedsverfahren unterschieden werden (**III.**). Die UNCITRAL Schiedsverfahrensregeln sind ein solches privates Regelwerk, das die Vertragspartner in den jeweiligen Vertrag inkorporieren können (**IV.**).

---

6 *Prütting* in: Prütting / Gehrlein, ZPO-Kommentar, § 1025, Rn. 1; *Berger*, Aufgaben und Grenzen der Parteiautonomie in der internationalen Wirtschaftsschiedsgerichtsbarkeit, RIW 1994, S. 12, 14; *Lörcher / Lörcher*, Organisation eines Ad-hoc-Schiedsverfahrens, SchiedsVZ 2005, S. 179, 180.

7 S. die Legaldefinition in § 1029 ZPO. Dazu und zu den Vor- und Nachteilen eines Schiedsverfahrens nur: *Lachmann*, Handbuch für die Schiedsgerichtspraxis, S. 34 ff.

8 *Blackaby / Partasides* in: Redfern / Hunter, Redfern and Hunter on International Arbitration, Rn. 1.50 f.

9 *Mustill*, Arbitration: History and Background, J. of Int'l Arb 1989, S. 43, 49; *Madsen*, Commercial Arbitration in Sweden, S. 9 ff.

I. Anerkennung und Vollstreckung von Schiedsklausel und Schiedsspruch

Die Anerkennung und Vollstreckung einer schriftlichen Schiedsklausel und die grundsätzliche Akzeptanz eines ausländischen Schiedsspruchs wird vom New Yorker Übereinkommen über die Anerkennung und Vollstreckung ausländischer Schiedssprüche vom 10. Juni 1958 gewährleistet.[10] UNCITRAL bietet eine Auflistung der aktuellen Übernahmestaaten auf ihrer Internetpräsenz.[11] Demnach sind derzeit 154 Staaten Mitglied des vielleicht erfolgreichsten internationalen Instruments im Gebiet der Schiedsgerichtsbarkeit („most successful international instrument in the field of arbitration").[12] Das Übereinkommen könnte sogar eines der effektivsten Beispiele internationaler Gesetzgebung in der Geschichte des Wirtschaftsrechts darstellen („most effective instance of international legislation in the entire history of commercial law").[13]

Art. II Abs. 1 des New Yorker Übereinkommens besagt, dass jeder Vertragsstaat eine schriftliche Vereinbarung anerkennt,

> *„durch die sich die Parteien verpflichten, alle oder einzelne Streitigkeiten, die zwischen ihnen aus einem bestimmten Rechtsverhältnis, sei es vertraglicher oder nichtvertraglicher Art, bereits entstanden sind oder etwa künftig entstehen, einem schiedsrichterlichen Verfahren zu unterwerfen, sofern der Gegenstand des Streites auf schiedsrichterlichem Wege geregelt werden kann."*

Abs. 3 führt darüber hinaus weiter aus, dass

> *„ein Gericht eines Vertragsstaates, [das] wegen eines Streitgegenstandes angerufen [wird], hinsichtlich dessen die Parteien eine Vereinbarung im Sinne dieses Artikels getroffen haben, […] auf Antrag einer der Parteien sie auf das schiedsrichterliche Verfahren zu verweisen [hat], sofern es nicht feststellt, dass die Vereinbarung hinfällig, unwirksam oder nicht erfüllbar ist."*

Folglich müssen die staatlichen Gerichte eine Klage, die auf einem Vertrag mit einer Schiedsklausel basiert, abweisen, sofern der Streitgegenstand

10 Bgbl. 1961 II, S. 121–139. Im weiteren Verlauf: New Yorker Übereinkommen.
11 http://www.uncitral.org/uncitral/en/uncitral_texts/arbitration/NYConvention_status.html.
12 *Mustill*, Arbitration: History and Background, J. of Int'l Arb. 1989, S. 43, 49.
13 *Mustill*, Arbitration: History and Background, J. of Int'l Arb. 1989, S. 43, 49.

schiedsfähig ist (sog. „arbitrability“[14]). Damit geben die staatlichen Gerichte eigene Kompetenzen ab und übertragen sie privaten Schiedsgerichten. Diese besitzen – im Gegensatz zum Mediationsverfahren, aber ebenso wie ein staatliches Gericht – eine Entscheidungsfunktion.[15] Die daraus resultierenden Schiedssprüche werden dank des New Yorker Übereinkommens grundsätzlich in allen Mitgliedsstaaten anerkannt und vollstreckt. Eine vergleichbare Sicherheit gibt es für die Entscheidungen staatlicher Gerichte auf internationaler Ebene nicht.[16] Bloß in den Fällen des Art. V des New Yorker Übereinkommens kann die Anerkennung oder Durchsetzung eines ausländischen Schiedsspruchs abgelehnt werden.[17] Dafür müssten entweder grundlegende Interessen einer Partei im Hinblick auf die prozessuale Durchführung des Verfahrens nicht angemessen beachtet worden sein (Abs. 1) oder der Staat die fehlende Schiedsfähigkeit oder widerstreitende Interessen der öffentlichen Ordnung nachweisen (Abs. 2).[18] Die Möglichkeiten des Art. V des New Yorker Übereinkommens werden jedoch äußerst selten wahrgenommen.[19]

Daneben finden sich auch in Art. 8 und Art. 36 des „UNCITRAL Model Law on International Commercial Arbitration“ (im weiteren Verlauf: UNCITRAL Modellgesetz) gleichlautende Verpflichtungen.[20] Das UNCITRAL Modellgesetz richtet sich – im Gegensatz zu den UNCITRAL

14 *Blackaby / Partasides* in: Redfern / Hunter, Redfern and Hunter on International Arbitration, para. 2.111 ff.

15 Born, International Commercial Arbitration, S. 216.

16 *Kronke* in: Kronke / Nacimiento / Otto / Port, Recognition and Enforcement of Foreign Arbitral Awards: A Global Commentary on the New York Convention, S. 3; s. aber für den Europäischen Raum die “Brüssel-I Verordnung“, EG Verordnung Nr. 44/2001.

17 Art. V New York Übereinkommen: „Die Anerkennung und Vollstreckung des Schiedsspruches darf […] nur versagt werden, wenn diese Partei […] den Beweis erbringt, dass […].“

18 S. ausführlich: *Kronke / Nacimiento / Otto / Port*, Recognition and Enforcement of Foreign Arbitral Awards: A Global Commentary on the New York Convention, S. 205–414.

19 *Amro*, The Refusal of Recognition and Enforcement of a Foreign Arbitral Award under the New York Convention of 1958, VJ 2011, S. 365, 387.

20 S. auch *Binder*, International commercial arbitration and conciliation in UNCITRAL model law jurisdictions, Rn. 8–022 ff.

Schiedsverfahrensregeln – an die Legislativorgane der Staaten, die dieses in nationale Schiedsgesetze inkorporieren können.[21] Das Modellgesetz wurde am 21. Juni 1985 verabschiedet[22] und zuletzt am 7. Juli 2006 insbesondere im Bereich des einstweiligen Rechtsschutzes modifiziert.[23] Insgesamt hat es eine bedeutende Zahl von Übernehmern[24] und war darüber hinaus auch Vorbild für viele weitere nationale Schiedsgesetze. Das Modellgesetz verkörpert damit den Standard der Lösungen bestimmter Problemkreise durch die nationalen Schiedsgesetze. Auf die Vorschriften des UNCITRAL Modellgesetzes kann auch in der weiteren Bearbeitung Bezug genommen werden, um die Lösungen der UNCITRAL Schiedsverfahrensregeln mit denen nationaler Schiedsgesetze zu vergleichen.

Durch die Umsetzung des New Yorker Übereinkommens und des UNCITRAL Modellgesetzes sind die Verpflichtungen zur Anerkennung und Vollstreckung von Schiedsklauseln und ausländischen Schiedssprüchen auch in nationalem Recht verankert und besitzen nahezu universelle Geltung.

II. Die anwendbaren Schiedsgesetze und Schiedsverfahrensregeln

Der Verlauf des Schiedsverfahrens selber wird von staatlichen und privaten Regelwerken bestimmt. Für die anwendbaren nationalen Schiedsgesetze („*lex arbitrii*") ist der Sitz des Schiedsverfahrens („*locus arbitrii*") entscheidend.[25] Für gewöhnlich einigen sich die Parteien bereits in der Schiedsklausel auf den *locus arbitrii*. Dieser bestimmt die *lex arbitrii* und überträgt den nationalen Gerichten die Entscheidungszuständigkeit für unterstützende Maßnahmen im Verlauf des Schiedsverfahrens, wie z.B. für die Überprüfung der Schiedsrichter, die Gewährung einstweiligen Rechtsschutzes oder die

---

21 A/CN.9/641, Rn. 54.

22 A/RES/40/72.

23 A/RES/61/33.

24 Eine detaillierte Auflistung der aktuellen Übernahmesituation bietet UNCITRAL auf ihrer Internetseite ebenso: http://www.uncitral.org/uncitral/en/uncitral_texts/arbitration/1985 Model_arbitration_status.html.

25 Die Wahl eines fremden Prozessrechts in einer Schiedsklausel verkompliziert das Verfahren ungemein und ist daher äußerst ungewöhnlich, vgl. *Blackaby / Partasides* in: Redfern / Hunter, Redfern and Hunter on International Arbitration, para. 3.64.

Beweisaufnahme.[26] In dem entsprechenden Land wird der Schiedsspruch formell getroffen, was für die Durchsetzung eines Schiedsspruchs unter dem New Yorker Übereinkommen später bedeutsam ist.[27] Der Sitz der Schiedsinstitution bedeutet nicht unmittelbar, dass die Parteien tatsächlich körperlich an diesem Ort anwesend sein müssen. Vielmehr können die Verfahren auch in jedem anderen Teil der Welt – aber trotzdem unter Geltung der nationalen Schiedsgesetze des Schiedsortes – stattfinden.[28]

Beispielhaft werden die geltenden Schiedsgesetze am Sitz der Schiedsinstitutionen in Köln (Hauptgeschäftsstelle der DIS), Stockholm (SCC) und Paris (ICC) kurz dargestellt.

Für Schiedsverfahren, in denen deutsches Verfahrensrecht anwendbar ist, sind die Bestimmungen des 10. Buchs der deutschen Zivilprozessordnung (ZPO) zu beachten.[29] Dieses wurde im Jahre 1998 reformiert[30] und basiert nun – bis auf wenige Ausnahmen – auf dem UNCITRAL Modellgesetz von 1985.[31] Durch ein „weltweit vertrautes und bewährtes Normgefüge“[32] sollte erreicht werden, dass der Schiedsgerichtsbarkeit in Deutschland in Zukunft eine größere Akzeptanz entgegengebracht wird. Für Schiedsverfahren in Schweden oder unter schwedischem Verfahrensrecht ist hingegen das „Lag om skiljeförfarande“[33], das „Gesetz zur Schiedsgerichtsbarkeit“, aus dem Jahre 1999 einschlägig. Die Vorschriften sind eigentlich für nationale Schiedsverfahren ausgelegt, sollen jedoch gem. Section 46 auch auf

---

26 vgl. *Blackaby / Partasides* in: Redfern / Hunter, Redfern and Hunter on International Arbitration, para. 7.13.

27 *Lörcher / Lörcher*, Organisation eines Ad-hoc-Schiedsverfahrens, SchiedsVZ 2005, 182.

28 *Born*, International Commercial Arbitration, S. 205; *Lörcher / Lörcher*, Organisation eines Ad-hoc-Schiedsverfahrens, SchiedsVZ 2005, 182.

29 *Schumacher*, Das neue 10. Buch der Zivilprozessordnung im Vergleich zum UNCITRAL-Modellgesetz über die internationale Handelsschiedsgerichtsbarkeit, BB 1998, S. 6, 8.

30 BGBl 1997, I, S. 3224 ff.

31 *DIS*, Übernahme des UNCITRAL Modellgesetzes über die Internationale Handelsschiedsgerichtsbarkeit in das Deutsche Recht; *Bredow*, Das neue 10. Buch der ZPO – ein Überblick, BB Beilage 1998, S. 2, 6.

32 BT-Drucks. 13/5274, S. 1.

33 Gesetz 1999:116; abrufbar in sieben Sprachen unter: http://www.sccinstitute.se/bibliotek/lagar.aspx.

internationale Schiedsverfahren Anwendung finden. Auch das schwedische Schiedsgesetz wurde mit Blick auf das UNCITRAL Modellgesetz ausgearbeitet.[34] Das französische Schiedsrecht befindet sich im vierten Buch des „Code de Procédure Civile“ (CPC), und wurde durch das Dekret Nr. 2011–48 vom 13. Januar 2011 zuletzt umfassend reformiert.[35] Dort gibt es separate Vorschriften für nationale und internationale Schiedsverfahren, die wie das schwedische Schiedsgesetz eine große Ähnlichkeit mit dem UNCITRAL Modellgesetz aufweisen, auch wenn dieses nicht vorlagengetreu übernommen wurde. Insgesamt zeigt sich also, dass das UNCITRAL Modellgesetz auch in diesen Ländern von großer Bedeutung ist und als Standard nationaler Schiedsgesetze für die Bearbeitung herangezogen werden kann.

Die nationalen Schiedsgesetze müssen zunächst einmal generell die Durchführung alternativer Streitbeilegungsverfahren erlauben. Um auch in diesen Fällen ein rechtsstaatliches Verfahren zu gewährleisten, beinhalten die nationalen Schiedsgesetze zwingende Vorschriften darüber, wie ein Verfahren mit Sitz in diesem Land abzulaufen hat.[36] Darunter fallen gemeinhin fundamentale Prinzipien der Rechtsstaatlichkeit. Sie sind manchmal nicht eindeutig anhand des Wortlauts der Norm auszumachen, zumindest die Chancengleichheit der Parteien und der Anspruch auf rechtliches Gehör gehören jedoch dazu.[37] Allerdings sind die Vorschriften der staatlichen Gesetze in den Details, wie diese Grundlagen gewährleistet werden sollen, dispositiv.

Die nationalen Schiedsgesetze eröffnen demnach die Möglichkeit, die Verfahrensvorschriften durch private Schiedsverfahrensregeln zu modifizieren und zu ergänzen. Das Verhältnis zwischen Schiedsgesetzen und

---

34 Stockholm Chamber of Commerce, 3. Auflage, S. 30. Eine vergleichende Darstellung des schwedischen Schiedsrechts zum UNCITRAL Modellgesetz und zum deutschen Schiedsverfahrensrecht gibt: *von Pachelbel-Gehag*, Das reformierte deutsche und schwedische Schiedsverfahrensrecht; Eine vergleichende Betrachtung unter Berücksichtigung des UNCITRAL Modellgesetzes über die internationale Handelsschiedsgerichtsbarkeit, S. 1 ff.

35 In deutscher Sprache abrufbar unter: http://www.parisarbitration.com/Decret-2011-48-G.pdf.

36 *Böckstiegel*, Die UNCITRAL-Verfahrensordnung für Wirtschaftsschiedsgerichtsbarkeit und das anwendbare Recht, RIW 1982, S. 706, 708.

37 S. z.B. § 1042 ZPO, dessen Normzweck es ist, der „Parteiautonomie einige wenige zwingend angeordnete Grundregeln zu verdeutlichen“, so *Prütting / Schneider* in: Prütting / Gehrlein, ZPO-Kommentar, § 1042, Rn. 2.

Schiedsverfahrensregeln drückt z.B. auch Art. 1.3 der UNCITRAL Schiedsverfahrensregeln aus, welcher bereits gleichlautend in Art. 1.2 der deutschen Fassung von 1976 zu finden war:

> *„Das Schiedsverfahren unterliegt dieser Schiedsgerichtsordnung mit der Ausnahme, dass bei Widerspruch zwischen einer ihrer Regelungen und einer Bestimmung des auf das Schiedsverfahren anzuwendenden Rechts, von der die Parteien nicht abweichen dürfen, diese Bestimmung vorgeht."*

Die Vertragspartner können sich demnach auf private Schiedsverfahrensregeln einigen, die die dispositiven Vorschriften der nationalen Schiedsgesetze modifizieren und das Verfahren an ihre Vorstellungen anpassen. Solche privaten Schiedsverfahrensregeln sind z.B. die Regelwerke der verschiedenen Schiedsinstitutionen, aber auch die UNCITRAL Schiedsverfahrensregeln.

III. Die Unterscheidung zwischen Ad hoc Schiedsverfahren und institutionellen Schiedsverfahren

Durch die Einigung auf zusätzliche private Schiedsverfahrensregeln einer Schiedsinstitution erlangen die Parteien die Unterstützung durch die gewählte Schiedsinstitution. Die Parteien inkorporieren mit einem Verweis das gesamte aktuelle Regelwerk der Institution in die eigene Schiedsvereinbarung. Ein solches Schiedsverfahren wird als „institutionelles Schiedsverfahren" bezeichnet (**2.**). Als Gegenstück dazu gelten sogenannte „ad hoc Schiedsverfahren", die den Parteien die größtmögliche Flexibilität für die Durchführung des Schiedsverfahrens gewährleisten (**1.**).

1. Ad hoc Schiedsverfahren

Bei ad hoc Schiedsverfahren wird das Schiedsgericht dabei „ohne Rückgriff auf eine Schiedsorganisation konstituiert [...]. [Es] wird nach den von den Parteien getroffenen Vereinbarungen oder nach dem dispositiven Gesetzesrecht [...] gebildet."[38] Mit anderen Worten: „Das Ad-hoc-Verfahren ist [...] der gesetzliche Regelfall".[39] Das Schiedsverfahren basiert in diesem Fall überwiegend auf den nationalen Schiedsgesetzen. Daneben können die Parteien

---

38 *Wolf/Eslami* in: BeckOK ZPO, § 1025, Rn. 10.

39 *Lörcher/Lörcher*, Organisation eines Ad-hoc-Schiedsverfahrens, SchiedsVZ 2005, 179.

zusätzliche, individuelle Verfahrensvorschriften schaffen, um das Verfahren an die eigenen Vorstellungen anzupassen.[40] Sie sind in der Lage – aber auch in der Verantwortung – ihr Verfahren selbst zu organisieren und durchzuführen.

Als Grundlage eines reinen ad hoc Schiedsverfahrens bedarf es nur einer Vereinbarung, unter Ausschluss des ordentlichen Rechtsweges einen Rechtsstreit einem privaten Schiedsgericht zu unterstellen. Damit sind die staatlichen Gerichte zunächst von der Rechtsfindung ausgeschlossen. Allerdings gibt es im Verlauf des Verfahrens verschiedene Situationen, in denen die nationalen Schiedsgesetze die staatlichen Gerichte zur Entscheidungsfindung berufen. Bei Streitigkeiten über die Zusammensetzung des Schiedsgerichts und deren Überprüfung oder bei Fragen zur Zuständigkeit des Schiedsgerichts findet sich keine unabhängige Instanz innerhalb des Beziehungssystems aus Schiedsrichtern und Parteien, die eine Entscheidung treffen kann. Diese Bereiche können als „Sollbruchstellen" des Schiedsverfahrens bezeichnet werden und machen die Einbeziehung einer außenstehenden Fazilität notwendig, um ein faires und effizientes Verfahren zu gewährleisten.

Dafür eröffnet Art. 6 des UNCITRAL Modellgesetzes den Übernahmestaaten die Möglichkeit, eine Einrichtung für eine notwendige Entscheidung in eben diesen Bereichen zu bestimmen. Dieser lautet:

> *„Die in Artikel 11 Absatz 3 und 4, Artikel 13 Absatz 3, Artikel 14, Artikel 16 Absatz 3 und Artikel 34 Absatz 2 bezeichneten Aufgaben werden durch ... wahrgenommen. (Jeder Staat, der dieses Modellgesetz in sein innerstaatliches Recht übernimmt, gibt hier das Gericht bzw. die Gerichte oder, soweit das Modellgesetz dies vorsieht, die sonstige Behörde an, die für diese Aufgaben zuständig sein soll.)"*

In Umsetzung dieser Vorschrift überträgt § 1062 ZPO die Entscheidungsbefugnis an die jeweils örtlich zuständigen Oberlandesgerichte. In den einzelnen Vorschriften des schwedischen Schiedsgesetzes wird das „tingsrätt" (Amtsgericht) für zuständig erklärt. Für Unterstützungsmaßnahmen des Schiedsgerichts nach französischem Schiedsrecht ist gem. Art. 1459 CPC der Präsident des Landgerichts zuständig.

Ein reines ad hoc Verfahren charakterisiert also die ausschließliche Unterstützung eines staatlichen Gerichts, das begrenzte Eingriffsmöglichkeiten in das Schiedsverfahren innehat und dieses auf die Rechtmäßigkeit überprüfen

---

40 *Blackaby / Partasides* in: Redfern / Hunter, Redfern and Hunter on International Arbitration, Rn. 1.153; vgl *Arkin*, Int'l Bus. Law 1987, S. 5 ff.

kann.[41] Anders ausgedrückt: In ad hoc Verfahren ist das Überprüfungsmonopol der staatlichen Gerichte ungebrochen. Durch die Einigung auf zusätzliche Schiedsverfahrensregeln institutionalisieren die Parteien demnach das Verfahren, indem sie die Unterstützung des Schiedsverfahrens von den staatlichen Gerichten auf eine andere Instanz übertragen. Dies kann durch individuelle Schiedsverfahrensregeln für den Einzelfall, durch die Inkorporation eines Regelwerkes einer Schiedsinstitution oder durch die Einigung auf die UNCITRAL Schiedsverfahrensregeln geschehen.

Die Ausarbeitung einzelner Schiedsverfahrensregeln kann allerdings sehr zeitintensiv sein und benötigt sowohl bei der Ausarbeitung als auch bei der Durchführung des Verfahrens erfahrene Streitparteien und Schiedsrichter. Ansonsten droht ein Verfahren an widersprüchlichen Verfahrensvorschriften zu scheitern. In Streitigkeiten zwischen Investoren und Staaten (sog. „Investor-State disputes“) sind meist erfahrene Parteien involviert. Viele Öl-Konzessionsverträgen enthalten daher individuell ausgearbeitete Schiedsverfahrensregeln, z.B. die ähnlichen Verfahren der Libyan American Oil Company (LIAMCO),[42] British Petroleum (BP)[43] und Texaco Overseas Petroleum Company (TOPCO)[44] gegen die Verstaatlichung von Eigentum durch die Libysche Regierung Anfang der 70er Jahre. Die Parteien einigten sich sinnvollerweise im Voraus, dass der vorsitzende Einzelschiedsrichter vom Präsidenten des Internationalen Gerichtshofs berufen wird. Trotz der Weigerung Libyens, an dem Schiedsverfahren teilzunehmen, konnte der jeweilige Einzelschiedsrichter daher einen wirksamen Schiedsspruch erlassen.

---

41 S. z.B. § 1026 ZPO: „Ein Gericht darf in den in den §§ 1025 bis 1061 geregelten Angelegenheiten nur tätig werden, soweit dieses Buch es vorsieht.“. Ein bereits erfolgter Schiedsspruch kann unter anderem wegen eines Verstoßes gegen die Grundsätze eines *fairen Verfahrens* oder des *ordre public* angefochten bzw. aufgehoben werden; s. dazu *Wiebecke* in: Torggler, Praxishandbuch Schiedsgerichtsbarkeit, S. 223 ff.; *Sonnauer*, Die Kontrolle der Schiedsgerichte durch die staatlichen Gerichte, S. 67 ff.; *Böckstiegel*, Schiedsgerichte und staatliche Gerichte, RIW 1979, S. 161, 164.

42 LIAMCO v. Libya, 12. April 1977, Yearbook Commercial Arbitration, Vol. VI – 1981, S. 89–118.

43 BP v. Libya, 10. Oktober 1973, Yearbook Commercial Arbitration, Vol. V – 1980, S. 143–165.

44 TOPCO v. Libya, 19. Januar 1977, Yearbook Commercial Arbitration, Vol. IV – 1979, S. 177–187.

Die Ernennung der Schiedsrichter ist ansonsten eine solche „Sollbruchstelle“ und kann in ad hoc Schiedsverfahren ein großes Problem darstellen.

2. Institutionelle Schiedsverfahren

Nicht immer finden Schiedsverfahren jedoch mit solch erfahrenen Streitparteien statt. Daher einigen sich viele Vertragspartner auf ein bereits bestehendes Schiedssystem mit bereits ausgearbeiteten Schiedsverfahrensregeln.[45] Diese Schiedsverfahren werden als institutionell bezeichnet, wenn die Streitigkeit unter der Schirmherrschaft und unter dem eigenen Regelwerk einer Schiedsinstitution verhandelt wird.[46] Die Schiedsinstitution administriert das Verfahren und unterliegt einer im Vergleich zu den Schiedsrichtern abgeschwächten Neutralitätspflicht.[47] In der Internationalen Schiedsgerichtsbarkeit werden nach einer Studie aus dem Jahre 2008 86% der Verfahren unter institutionellen Schiedsordnungen geführt.[48] Es gibt eine steigende Anzahl solcher Schiedsinstitutionen überall auf der Welt. Jede setzt ihre eigenen Schwerpunkte.

Die international bedeutendsten Schiedsinstitutionen sind das Schiedsgericht der Internationalen Handelskammer („International Chamber of Commerce“, ICC), die Amerikanische Schiedsinstitution („American Arbitration Association“, AAA) mit dem ihr angeschlossenen internationalen Zentrum für Streitschlichtung („International Centre for Dispute Resolution“, ICDR) und das Londoner Schiedsgericht („London Court of International Arbitration“, LCIA). Als Repräsentant der international tätigen Schiedsinstitutionen konzentriert sich die vorliegende Bearbeitung auf die für den europäischen Raum besonders bedeutsame ICC (**a.**), die aufgrund der umfassenden Administration ihrer Schiedsverfahren gleichzeitig auch große Unterschiede zu den UNCITRAL Schiedsverfahrensregeln aufweist.

---

45 Der zwischen den Parteien und der Schiedsinstitution geschlossene „Schiedsorganisationsvertrag“ ist ein Vertrag *sui generis*, vgl. *Wolf*, Die institutionelle Handelsschiedsgerichtsbarkeit, S. 236 ff.

46 *Blackaby / Partasides* in: Redfern / Hunter, Redfern and Hunter on International Arbitration, para. 1.158.

47 S. aktuell OLG München, NJOZ 2015, S. 893 ff.

48 Queen Mary University of London, International Arbitration: Corporate attitudes and practices 2008, S. 15.

Darüber hinaus gibt es noch regionale Schiedsinstitutionen, viele davon im Asiatischen Raum, wie z.B. die Schiedsinstitute in Singapur („Singapore International Arbitration Centre", SIAC), Hong Kong („Hong Kong International Arbitration Centre", HKIAC), Kuala Lumpur („Kuala Lumpur Regional Centre for Arbitration", KLRCA) und das Australische Zentrum für Schiedsgerichtsbarkeit („Australian Centre for International Commercial Arbitration", ACICA). Auch für den europäischen Raum gibt es einige bedeutende Schiedsinstitutionen. Für diese Bearbeitung werden die Schwedische („Stockholm Chamber of Commerce Arbitration Institute", SCC (**b.**)) und Deutsche („Deutsche Institution für Schiedsgerichtsbarkeit", DIS (**c.**)) Schiedsinstitution herausgestellt.[49] Diese haben einen gegensätzlichen Ansatz zur ICC und ähneln damit vielmehr den UNCITRAL Schiedsverfahrensregeln. Mithin wird das breite Spektrum der institutionellen Schiedsverfahrensregeln mit dieser Auswahl abgedeckt.[50] Damit soll auch deutlich werden, dass bereits die institutionellen Schiedsinstitutionen unterschiedliche Herangehensweisen an die Administration des Verfahrens haben und eine diametrale Gegenüberstellung zu den UNCITRAL Schiedsverfahrensregeln womöglich nicht geboten ist. Gleichzeitig wird der Fokus dieser Bearbeitung bewusst auf die europäische Schiedsgerichtsbarkeit gelegt und die für den deutschen oder zumindest europäischen Verwender interessanten Unterschiede zwischen den verschiedenen Regelwerken dargestellt.

a) Die Internationale Handelskammer (ICC)

Die Internationale Handelskammer wurde 1919 gegründet und beinhaltet seit 1923 auch den Internationalen Schiedsgerichtshof („International Court of Arbitration"). Sie ist eine der bedeutendsten Schiedsinstitutionen weltweit mit insgesamt weit über 15.000 Verfahren seit ihrer Gründung.

---

49 Im Europäischen Raum finden sich daneben z.B. noch das für den privaten Wirtschaftsverkehr vergleichbar bedeutende Schiedsinstitut der Schweiz („Swiss Chambers' Arbitration Institute") und das „Internationale Schiedsgericht der Wirtschaftskammer Österreich".

50 Nach einer Studie der Queen Mary Universität wurden in den letzten fünf Jahren 56% der institutionellen Schiedsverfahren unter der Administration der ICC, 10% unter ICDR und LCIA, 6% unter DIS und 3% unter SCC, durchgeführt, Queen Mary University of London, 2010 International Arbitration Survey: Choices in International Arbitration.

Im Jahre 2011 hat die Zahl der Schiedssprüche mit 508 gerade einen neuen Höchstwert erreicht.[51] Das Regelwerk wurde zum 1. Januar 2012 letztmalig aktualisiert.[52]

Die Mitglieder des Internationalen Schiedsgerichtshofes werden von dem Rat der ICC („Council of the ICC") auf drei Jahre gewählt.[53] Der Schiedsgerichtshof besteht aus einem Vorsitzenden, mehreren Stellvertretern und mehr als 100 Mitgliedern und alternierenden Mitgliedern aus aller Welt.[54] Die notwendigen Entscheidungen können dort getroffen werden, von kleineren Komitees oder – in eiligen Anfragen – auch von dem Vorsitzenden alleine.[55] Die Komitees bestehen aus einem Präsidenten und mindestens zwei Mitgliedern, die jeweils für die Zeit zwischen den regelmäßigen Treffen des Schiedsgerichts gewählt werden.[56]

Das permanente Sekretariat assistiert diesen Gremien in ihrer Arbeit und besteht aus einem Generalsekretär, einem Rechtsberater, der auch als Stellvertreter agiert, sowie weiteren Beratern, die direkt mit der Bearbeitung der einzelnen Fälle beauftragt sind. Aufgrund der weltweiten Verwendung der Regeln hat man versucht, die unterschiedlichen Hintergründe der Parteien zu beachten. Daraus entsteht jedoch auch die Notwendigkeit für den Schiedsgerichtshof der ICC, häufiger als die meisten anderen Schiedsinstitutionen in die Verfahren einzugreifen.[57]

---

51 http://www.iccwbo.org/Products-and-Services/Arbitration-and-ADR/Arbitration/Introduction-to-ICC-Arbitration/Statistics.

52 http://www.iccwbo.org/Products-and-Services/Arbitration-and-ADR/Arbitration/Rules-of-arbitration/Download-ICC-Rules-of-Arbitration/ICC-Rules-of-Arbitration-in-several-languages/.

53 *Heitzmann* in: Götz Staehelin / Gola / Graf, Institutional Arbitration, Tasks and Powers of different Arbitration Institutions, S. 121.

54 Derzeit ein Präsident, 17 Vizepräsidenten und 113 weitere Mitglieder: http://www.iccwbo.org/About-ICC/Organisation/Dispute-Resolution-Services/ICC-International-Court-of-Arbitration/List-of-Current-Court-Members/; Stand: 31. August 2015.

55 Art. 1 Abs. 3 und 4 ICC.

56 Art. 4 Appendix II ICC.

57 *Derains / Schwartz*, A guide to the ICC rules of arbitration, S. 3; *Pörnbacher / Baur*, Die Reform der Schiedsgerichtsordnung der ICC, BB 2011, S. 2627; daher gilt die ICC als „Rolls Royce" unter den Schiedsinstitutionen, s. bereits Fn. 5.

b) *Das Schiedsinstitut der Stockholmer Handelskammer (SCC)*

Das Schiedsinstitut der Stockholmer Handelskammer befolgt hingegen einen zurückhaltenderen Ansatz. Es ist ein unabhängiger Teil der Stockholmer Handelskammer („Stockholm Chamber of Commerce") und wurde 1917 ins Leben gerufen. Im Verlaufe des Kalten Krieges wurde es von den USA und der Sowjetunion als unabhängiger Standort für die Schlichtung von Ost-West Handelsstreitigkeiten angesehen. Daher einigten sich die sowjetische Handelskammer („USSR Chamber of Commerce and Industry"), die amerikanische Schiedsinstitution („American Arbitration Association") und das SCC auf die „Optional Arbitration Clause for use in contracts in USA-USSR trade 1977". Diese sah ein Verfahren in Stockholm unter UNCITRAL Schiedsverfahrensregeln vor, bei der das SCC als Ernennende Stelle tätig sein sollte. Diese optionale Schiedsklausel wurde als akzeptabler Streitschlichtungsmechanismus von den Institutionen für Verfahren zwischen natürlichen Personen der USA und Auslandshandelsorganisationen der USSR zur Anwendung empfohlen und konnte mit einem einfachen Verweis berufen werden.[58] Aufgrund der schwedischen Neutralitätshaltung ist das SCC auch in Verfahren mit chinesischer Beteiligung sehr gefragt. Obwohl durch den Fall des „Eisernen Vorhangs" einigen anderen Schiedsinstitutionen mittlerweile eine ebenso große Bedeutung in diesem Gebiet zukommt, wirkt die damit verbundene Nachfrage noch bis heute nach.

Das Regelwerk des SCC wurde 1977, 1988, 2007 und zuletzt 2010 aktualisiert. Ca. 100 inländische Schiedsverfahren und weitere 100 Schiedsverfahren mit ausländischer Beteiligung werden jährlich an das Institut überwiesen.[59] Der sog. „Vorstand" („The Board") mit 14 Mitgliedern wird von einem Direktorengremium („Board of Directors") der Stockholmer Handelskammer auf drei Jahre gewählt.[60] Das Direktorengremium trifft die nach den Schiedsverfahrensregeln des SCC notwendigen Entscheidungen.[61] Allerdings

---

58 S. SCC, Arbitration in Sweden, 2. Auflage 1984, Appendix 5; aufgrund der Auflösung der UdSSR ist ein genereller Verweis nicht mehr zielführend; die Klausel findet sich nicht mehr in den aktuellen Schiedsverfahrensregeln des SCC.

59 http://www.sccinstitute.com/hem-3/statistik-2.aspx.

60 *Pavlica* in: Götz Staehelin / Gola / Graf, Institutional Arbitration, Tasks and Powers of different Arbitration Institutions, S. 220.

61 Art. 6, Appendix I SCC.

überträgt das Regelwerk der Schiedsinstitution nur wenige Eingriffsmöglichkeiten in das Schiedsverfahren und überlässt viele Aspekte stattdessen der Entscheidung des Schiedsgerichts.[62]

c) Die Deutsche Institution für Schiedsgerichtsbarkeit e.V. (DIS)

Die Deutsche Institution für Schiedsgerichtsbarkeit e.V. entstand am 1. Januar 1992 aus einem Zusammenschluss des DAS (Deutscher Ausschuss für Schiedsgerichtswesen) und dem DIS (Deutsches Institut für Schiedsgerichtswesen e.V.).[63] Auch wenn die Anzahl eingeleiteter Schiedsverfahren generell zunimmt und die Akzeptanz Deutschlands als Verfahrensort wächst,[64] so bleibt die DIS weiterhin eher regional bedeutsam.[65] Nach der offiziellen Statistik der DIS wurden im Jahre 2012 nur 125 Verfahren eingeleitet. Im Jahr 2011 waren es immerhin 178, im Jahr 2010 hingegen 156.[66]

Die Schiedsverfahrensregeln der DIS wurden zum 1. Juli 1998 nach der Reform des deutschen Schiedsverfahrensrechts[67] letztmalig angepasst. Neben dem 10. Buch der Zivilprozessordnung (ZPO) basiert auch dieses private Regelwerk nunmehr auf dem Modellgesetz der UNCITRAL von 1985.[68] Allerdings wird diese Übernahme teilweise sehr kritisch gesehen. Zwar habe

---

62 *Born*, International Commercial Arbitration, S. 190; *Pavlica* in: Götz Staehelin / Gola / Graf, Institutional Arbitration, Tasks and Powers of different Arbitration Institutions, S. 230, s. Fn. 4; *Wetter*, Institutional Arbitration in Sweden: A Guide to the 1988 Rules of the Arbitration Institute of the Stockholm Chamber of Commerce, Arbitration Journal 1988, S. 5, 7.

63 *Glossner*, 75 Jahre institutionelle Schiedsgerichtsbarkeit in Deutschland, BB Beilage 1996, S. 3.

64 *Böckstiegel*, Die Schiedsgerichtsbarkeit in Deutschland, SchiedsVZ 2009, S. 3; *Bredow*, Aus dem Tagebuch einer Schiedsgerichtsinsitution, SchiedsVZ 2009, S. 22.

65 Queen Mary University of London, International Arbitration: Corporate attitudes and practices 2008, S. 15; *Berger*, Herausforderungen für die (deutsche) Schiedsgerichtsbarkeit, SchiedsVZ 2009, S. 289, 294.

66 S. DIS, Entwicklung der Anzahl der Schiedsverfahren nach DIS-SchO.

67 BGBl 1997, I, S. 3224 ff.

68 DIS, Übernahme des UNCITRAL Modellgesetzes über die Internationale Handelsschiedsgerichtsbarkeit in das Deutsche Recht, 1989, S. 22; *Bredow*, Das neue 10. Buch der ZPO – ein Überblick, BB Beilage 1998, S. 2, 6; *Schumacher*, Das neue 10. Buch der Zivilprozessordnung im Vergleich zum UNCITRAL-Modellgesetz über die internationale Handelsschiedsgerichtsbarkeit, BB 1998, S. 6 ff.

man ein erprobtes Regelwerk inkorporiert, allerdings beinhalte die Schiedsordnung keine „Originalität“. Für den internationalen Verwender gäbe es daher wenige Gründe, gerade die Schiedsverfahrensregeln der DIS zu wählen.[69] Durch den Gleichlauf mit dem UNCITRAL Modellgesetz ähneln die Regeln den nationalen Schiedsgesetzen. Die Eingriffsmöglichkeiten in das Schiedsverfahren von außen sind mithin äußerst begrenzt, und das für die Entscheidungen zuständige Gremium heißt daher bloß „Ernennungsausschuss“. Die Begrifflichkeit drückt bereits aus, dass der zentrale Ausschuss der DIS hinsichtlich der Unterstützung des Schiedsverfahrens hauptsächlich bei der Konstituierung des Schiedsgerichts Kompetenzen zugesprochen bekommen hat. Er besteht für die jeweils dreijährige Amtsperiode aus drei Mitgliedern und drei Stellvertretern.[70]

IV. Die UNCITRAL Schiedsverfahrensregeln

Statt auf die Schiedsverfahrensregeln einer der angeführten Schiedsinstitutionen einigen sich viele Vertragsparteien auf die Inkorporation der UNCITRAL Schiedsverfahrensregeln. Diese sind ein erprobtes und funktionierendes Regelwerk, das alle wesentlichen Verfahrensschritte behandelt und in ihrem Sinne modifiziert. Die UNCITRAL Schiedsverfahrensregeln wurden von UNCITRAL (**I.**) im Jahre 1977 veröffentlicht und mit Erlass der UNCITRAL Schiedsverfahrensregeln von 2010 das erste Mal novelliert (**II.**). Im Gegensatz zu einem Verfahren unter nationalen Schiedsgesetzen erhält man dadurch nicht mehr nur die Unterstützung der staatlichen Gerichte, sondern auch die der „Ernennenden Stelle“ und des Permanent Court of Arbitration („PCA“) als „Bestimmender Stelle“ (**III.**). Die Schiedsinstitutionen und die UNCITRAL profitieren gegenseitig von ihren Erfahrungen und kooperieren auf zahlreichen Ebenen (**IV.**).

69 *Aden*, Internationale Handelsschiedsgerichtsbarkeit, S. 423.
70 S. die aktuelle Zusammensetzung auf der Onlinepräsenz der Schiedsinstitution: http://www.dis-arb.de/de/11/content/ernennungsausschuss-id7.

1. Die United Nations Commission on the International Trade Law

Die UNCITRAL wurde 1966 gegründet und ist eine Unterorganisation der UN-Vollversammlung mit derzeit 60 Mitgliedern.[71] Sie soll die Rechtsüberzeugungen der Völker kodifizieren und eine Vereinheitlichung und Harmonisierung des Internationalen Handelsrechts herbeiführen.[72] Alle Arbeitsgruppen sind auch für Internationale Organisationen („IO's"), Nichtregierungsorganisationen („NGO's") und andere Experten zugänglich. Diese haben dann allerdings nur beratende Funktion. Trotzdem trägt die Beteiligung verschiedener Gruppierungen zu einer hohen Legitimation der Entscheidungen bei.[73] Gleichzeitig hält UNCITRAL am Konsensprinzip fest. Widerstreitende nationale Interessen müssen damit auf einen gemeinsamen Nenner gebracht werden. Dabei muss die Balance zwischen einer effektiven Arbeitsweise und hoher Legitimität gefunden werden.[74] Dies ist UNCITRAL in der Praxis immer wieder überraschend gut gelungen und zeigt sich z.B. in der Verabschiedung des „Legislative Guide on Insolvency Law" aus dem Jahre 2004 und der Transparenzregeln „Rules on Transparency in Treaty-based Investor-State Arbitration" aus dem Jahre 2014, die nun auch für die umstrittenen Projekte CETA (Comprehensive Economic and Trade Agreement) und TTIP (Transatlantic Trade and Investment Partnership) Bedeutung erlangen. Zu den erfolgreichsten Regelwerken der UNCITRAL zählen die bereits vorgestellten Regelwerke des „UNCITRAL Modellgesetzes" und des „New Yorker Übereinkommens". Weiterhin gibt es ein Modellgesetz zum Mediationsverfahren[75] zur Übernahme durch die nationalen Gesetzgeber sowie Mediationsverfahrensregeln[76] zur Inkorporation durch die Vertragsparteien. Das ebenfalls von UNCITRAL erarbeitete „Übereinkommen der

---

71 A/RES/57/20; Rn. 2; A Guide to UNCITRAL, Basic facts about the United Nations Commission on International Trade Law, S. 1 ff.

72 A/RES/2205(XXI).

73 *Block-Lieb / Halliday* Legitimation and Global Lawmaking, Fordham Research Paper 2006, S. 10 ff.

74 *Block-Lieb / Halliday* Legitimation and Global Lawmaking, Fordham Research Paper 2006, S. 8.

75 UNCITRAL Model Law on International Commercial Conciliation, A/RES/57/18.

76 UNCITRAL Conciliation Rules, A/RES/35/52.

Vereinten Nationen über Verträge über den internationalen Warenkauf"[77] ist wiederum an die Legislativorgane der Staaten gerichtet.[78]

2. Die Ausarbeitung der UNCITRAL Schiedsverfahrensregeln

In Bezug auf die UNCITRAL Schiedsverfahrensregeln spricht *Fouchard* von einem Werk des Kompromisses („une œuvre de compromis").[79] Auch die Ausarbeitung der Schiedsverfahrensregeln zeugt von einer guten Balance zwischen Effektivität und Legitimation. Bereits im Jahre 1973 wurde innerhalb der UNCITRAL gefordert, ein optionales Regelwerk für die Anwendung in Schiedsverfahren zu erarbeiten.[80] Die UNCITRAL Schiedsverfahrensregeln wurden daraufhin am 15. Dezember 1976 erlassen und generell für die Anwendung in ad hoc Schiedsverfahren bestimmt.[81] Um die ganze Bandbreite an möglichen Verfahren abzudecken, waren sie jedoch bewusst offen gehalten und darüber hinaus deutlich von dem offenen Ost-West Konflikt geprägt.[82]

Während die Schiedsinstitutionen in der Zwischenzeit sehr viel schneller und häufiger ihre Schiedsverfahrensregeln überarbeitet haben, dauerte es bei UNCITRAL drei Jahrzehnte, bis das aufwändige Verfahren der Novellierung in Gang gesetzt wurde. Die neuen Schiedsverfahrensregeln sollten sich den neuen Herausforderungen gewachsen zeigen, den technischen Fortschritt

---

77 „Convention on the International Sale of Goods" (CISG).

78 Mit den darin festgelegten materiellen Vorschriften des internationalen Handelsrechts steht sie insbesondere in Konkurrenz zum privaten „International Institute for the Unification of Private Law" (UNIDROIT). Daher wohl auch der kritische Blick auf die Arbeit der UNCITRAL in: *Faria*, The Relationship between formulation agencies in international legal harmonization: Competition, Cooperation, or peaceful coexistence? A few remarks on the experience of UNCITRAL, LoyLRev S. 253–284.

79 *Fouchard*, Les travaux de la C.N.U.D.C.I., Le règlement d'arbitrage, Journal du Droit International 1979, S. 816, 842.

80 A/9017, Rn. 85.

81 S. noch einmal die Erwägungsgründe in A/RES/31/98.

82 A/CN.9/614, Rn. 17; *Sanders*, Commentary on UNCITRAL Arbitration Rules, Yearbook Commercial Arbitration Vol. II – 1977, S. 219; ausdrücklich anwendbar für „kapitalistische" und „sozialistische" Verfahren, S. 173.

nutzen und dabei moderner und effizienter sein.[83] Allerdings sollte die Struktur, der Geist oder der Schreibstil des Textes nicht verändert, und vielmehr die Flexibilität des Regelwerks bewahrt werden.[84] Die Änderungen sollten also insbesondere Unklarheiten und Verzögerungsmöglichkeiten in ganz unterschiedlichen Stadien des Schiedsverfahrens beseitigen, vom Regelungsumfang und der Einführung der obligatorischen Antwort auf die Schiedsanzeige bis hin zu den Möglichkeiten des Schiedsgerichts, einstweiligen Rechtsschutz zu gewähren.[85] Erster Orientierungspunkt vieler Neuerungen war das Modellgesetz der UNCITRAL. Das Modellgesetz ist jedoch an die nationalen Gesetzgeber gerichtet und die Schiedsverfahrensregeln im Gegensatz dazu an Teilnehmer des Internationalen Handelsgeschehens zur Inkorporation in privatrechtliche Verträge. Da die beiden Regelwerke damit unterschiedliche Empfänger erreichen sollen, war eine Harmonisierung nur dort angedacht, wo diese sinnvoll erschien.[86]

Im Juli 2006 wurde einer Novellierung endgültig Vorrang eingeräumt.[87] Am 25. Juni 2010 verabschiedete die Generalversammlung der Vereinten Nationen das überarbeitete Regelwerk, welches damit zum 15. August 2010 trat.[88] Gleichzeitig wurde die Empfehlung der Adaption der Verfahrensregeln von 1976 durch eine neue Empfehlung ersetzt.[89] Auch die „Global Arbitration Review" sah die positiven Neuerungen der novellierten Fassung

83 A/62/17 (Part I), Rn. 174: "*should seek to modernize the Rules and to promote greater efficiency in arbitral proceedings.*"

84 A/61/17, Rn. 184: „*should not alter the structure of the text, its spirit or its drafting style, and should respect the flexibility of the text rather than make it more complex*".

85 Eine gute Übersicht zu den einzelnen Neuerungen gibt z.B. *Waincymer*, The new UNCITRAL Arbitration Rules: An Introduction and Evaluation, VJ 2010, S. 223–248. Eine ausführliche Übersicht möglicher Änderungen, die während des Überarbeitungsprozesses die Grundlage der Diskussionen darstellte, geben *Paulsson / Petrochillos,* Revision of the UNCITRAL Arbitration Rules.

86 A/CN.9/614, Rn. 21.

87 A/61/17, Rn. 184.

88 A/RES/65/22; Das Regelwerk ist bisher jedoch nur auf Englisch abrufbar: http://www.uncitral.org/pdf/english/texts/arbitration/arb-rules-revised/arb-rules-revised-2010-e.pdf.

89 A/RES/65/22; A/65/17, Rn. 187; siehe auch: UNCITRAL, Recommendations to assist arbitral institutions and other interested bodies with regard to arbitration under the UNCITRAL Arbitration Rules as revised in 2010, S. 4 ff.

und zeichnete die Schiedsverfahrensregeln als beste Entwicklung des Jahres 2010 („Best development of 2010") aus.[90]

3. Die Ernennende und Bestimmende Stelle in Verfahren unter UNCITRAL Schiedsverfahrensregeln

UNCITRAL selber ist – wie dargestellt – keine Schiedsinstitution und kann die Administration der Schiedsverfahren daher nicht übernehmen. Um trotzdem eine größtmögliche Flexibilität der Parteien zu bewahren und gleichzeitig die Effizienz des Verfahrens zu stärken, haben die UNCITRAL Schiedsverfahrensregeln eine ganz eigene Lösung gefunden. Die Parteien können sich in kritischen Phasen, wie z.B. bei der Konstituierung des Schiedsgerichts oder der Überprüfung der Kosten des Verfahrens sowie in einige anderen Situationen[91], an die Ernennende Stelle (**a.**) bzw. die Bestimmende Stelle (**b.**) wenden. Die Bedeutung dieser Stellen wird in Art. 6 der UNCITRAL Schiedsverfahrensregeln deutlich (**c.**).

a) Die Rolle der „Ernennenden Stelle"

Die Bedeutung der Ernennenden Stelle („Appointing Authority") für die UNCITRAL Schiedsverfahrensregeln wird bereits deutlich, wenn man die Modellklauseln der verschiedenen Regelwerke näher betrachtet. Diese werden von allen beteiligten Fazilitäten bereitgestellt, um eine komplikationsfreie Unterwerfung unter das gewünschte Regelwerk zu ermöglichen. Die Modellklausel der UNCITRAL Schiedsverfahrensregeln wurde im Rahmen der Novellierung 2010 im Wortlaut leicht verändert und in den Annex verschoben.

Sie besagt nun:

> *"Any dispute, controversy or claim arising out of or relating to this contract, or the breach, termination or invalidity thereof, shall be settled by arbitration in accordance with the UNCITRAL Arbitration Rules.*
>
> *Note. Parties should consider adding:*
>
> *The appointing authority shall be ... [name of institution or person];*

---

90 http://www.wfw.com/website/wfwwebsite.nsf/Publications/Publication830/$File/GAR%20-%20And%20the%20Winner%20is...%200311.pdf.

91 S. dazu Teil C: dieser Bearbeitung.

The number of arbitrators shall be ... [one or three];

The place of arbitration shall be ... [town or country];

The language to be used in the arbitral proceedings shall be ... ."

Bei einem Vergleich mit den Modellklauseln der zu untersuchenden Schiedsinstitutionen fällt auf, dass sich diejenigen der UNCITRAL, DIS und SCC sehr ähneln. Sie enthalten eine allgemeine Formulierung, um alle zukünftigen Streitigkeiten dem jeweiligen Institut zu unterstellen. Diesem folgen weitere zu inkorporierende Aspekte, um die Schiedsklausel leichter umzusetzen. Die Klausel der ICC ist hingegen kurz gehalten.[92] Die ICC kann häufiger in das Schiedsverfahren selber eingreifen und vermag mögliche Unklarheiten der Klausel nach den anzuwendenden Vorschriften zu lösen.

Darüber hinaus findet sich in der ersten Empfehlung der UNCITRAL Schiedsverfahrensregeln der große Unterschied zu den Modellklauseln der Schiedsinstitutionen: Danach sollen sich die Parteien auch auf die „Ernennende Stelle" einigen. Ohne die automatische Unterstützung einer Institution sollen sich die Vertragsparteien möglichst schon in der Schiedsklausel auf eine unabhängige Stelle einigen, die im Zweifelsfall das Verfahren unterstützen kann. In der Praxis machen die Parteien für gewöhnlich von dieser Möglichkeit Gebrauch.[93] Die Ernennende Stelle ist eine Erfindung speziell für die UNCITRAL Schiedsverfahrensregeln, um einen Stillstand des Schiedsverfahrens unter allen Umständen zu vermeiden und das Schiedsverfahren effektiv weiterführen zu können. Im Gegensatz zu den institutionellen Schiedsverfahrensregeln haben die Parteien jedoch immer noch die freie Wahl, die Ernennende Stelle nach ihrem Ermessen zu bestimmen. Dabei können sowohl Schiedsinstitutionen als auch Einzelpersonen gewählt werden. Diese Auswahl hat man unter institutionellen Schiedsverfahrensregeln hingegen bereits mit der Einigung auf die anzuwendenden Regelwerke getroffen.

---

92 http://www.iccwbo.org/uploadedFiles/Court/Arbitration/other/2012_Arbitration%20and%20 ADR%20Rules%20GERMAN.pdf, S. 81: „*Alle Streitigkeiten, die sich aus oder in Zusammenhang mit dem vorliegenden Vertrag ergeben, werden nach der Schiedsgerichtsordnung der Internationalen Handelskammer (ICC) von einem oder mehreren gemäß dieser Ordnung ernannten Schiedsrichtern endgültig entschieden.*"

93 *Born*, International Commercial Arbitration, S. 169.

b) Die Rolle der „Bestimmenden Stelle"

Sollten die Parteien die Ernennende Stelle in der Schiedsklausel nicht bestimmt haben und auch danach keine Einigung erzielen können, so droht bei das Verfahren festzustecken. Für einen solchen Fall übertragen die UNCITRAL Schiedsverfahrensregeln die Bestimmung der Ernennenden Stelle dem Generalsekretär des Permanent Court of Arbitration („PCA" – ständiger Schiedsgerichtshof). Aufgrund dieser Aufgabe kann dieser als „Bestimmende Stelle" („Designating Authority") bezeichnet werden.

Der PCA wurde auf den Haager Friedenskonferenzen durch das „Abkommen vom 29. Juli 1899 zur friedlichen Erledigung internationaler Streitfälle" ins Leben gerufen und hat mittlerweile 117 Mitglieder.[94] Eine obligatorische Schiedsgerichtsbarkeit in Streitigkeiten zwischen Staaten wurde damals hauptsächlich vom Deutschen Reich verhindert, das die „Zeit für eine allgemeine obligatorische Schiedssprechung mangels zureichender Erfahrungen noch nicht für gekommen und die Menschheit einstweilen noch nicht für reif [hielt]" und sich stattdessen „nach dem Bismarckschen Vorbild auf die eigene Kraft" stützen wollte.[95]

Der PCA sitzt in Den Haag und bietet heutzutage administrative Hilfe in Verfahren zwischen Staaten, aber auch zwischen Privatparteien. Er kann Räume und Listen mit Schiedsrichtern bereitstellen, auf die alle Mitgliedsstaaten je bis zu vier Personen eintragen lassen können. Die Organe sind das Internationale Büro, geführt vom Generalsekretär, und der Ständige Verwaltungsrat.

---

94 http://www.pca-cpa.org/showpage.asp?pag_id=1038; Stand: 31. August 2015.

95 S. die Darstellung der Haager Friedenskonferenz aus dem Jahre 1905 durch den damaligen Bayreuther Professor *Meurer*, Die Haager Friedenskonferenz, I. Band, Das Friedensrecht der Haager Konferenz, S. 178. Auch deshalb wurde im Grundgesetz in Art. 24 Abs. 3 GG hinzugefügt, dass Deutschland „zur Regelung zwischenstaatlicher Streitigkeiten [...] Vereinbarungen über eine allgemeine, umfassende, obligatorische, internationale Schiedsgerichtsbarkeit beitreten [wird]." Da jedoch auch der Internationale Gerichtshof nicht als obligatorische Gerichtsbarkeit gilt, war Deutschland nicht verpflichtet, eine Unterwerfungserklärung zu unterzeichnen, vgl. *Kunig* in: Wolfgang Graf von Vitzthum, Völkerrecht, S. 90, auch wenn dies am 1. Mai 2008 auf freiwilliger Basis geschah.

Der Verwaltungsrat überwacht die Aktivitäten des Internationalen Büros und setzt sich aus diplomatischen Repräsentanten der Staaten zusammen.[96]

Der Generalsekretär des PCA wird in den UNCITRAL Schiedsverfahrensregeln mehrmals namentlich erwähnt und hat die ihm zugewiesenen Aufgaben zu erfüllen. In mehreren hundert Fällen musste der PCA bis Ende 2014 selbst als Ernennende Stelle unter UNCITRAL Schiedsverfahrensregeln fungieren, dazu z.B. im Jahre 2014 in 26 Fällen und im Jahre 2013 in 34 Fällen die Ernennende Stelle bestimmen.[97] Hin und wieder soll der PCA die gewählte Ernennende Stelle[98] oder den Schiedsrichter[99] auch ersetzen. Die Jahresberichte zeigen dabei eine steigende Bedeutung des PCA, der eine kontinuierlich größere Anzahl an Verfahren begleitet.

Der PCA ist eine internationale Schiedsinstitution und hat in der Schiedsgerichtsbarkeit mehr Erfahrung als die überwiegende Anzahl nationaler Gerichte. Im Jahre 2012 hat der PCA sogar eigene Schiedsverfahrensregeln erlassen.[100] UNCITRAL hat die Bedeutung des PCA in ihrer Novellierung 2010 entscheidend gestärkt, weswegen er auch aufgrund dieser Perspektiven von der „Global Arbitration Review" mit einem zweiten Preis – neben der Auszeichnung der UNCITRAL Schiedsverfahrensregeln als Entwicklung des Jahres – als Institution des Jahres („Institution oft he year 2010") ausgezeichnet wurde.[101]

c) Der neue Artikel 6 der UNCITRAL Schiedsverfahrensregeln von 2010

Die höhere Bedeutung der gerade dargestellten Ernennenden Stelle und der Bestimmenden Stelle für den Verfahrensablauf wird in dem 2010 novellierten

---

96 http://www.pca-cpa.org/showpage.asp?pag_id=1027; *Lionnet*, Handbuch der internationalen und nationalen Schiedsgerichtsbarkeit, S. 368.

97 Annex zu: A/CN.9/634 und *PCA*, Annual Reports 2006, 2007, 2008, 2009, 2010, 2011. 2012, 2013, 2014.

98 Im Jahre 2011 wurde der einzige dahingehende Antrag jedoch abgelehnt, s. PCA, Annual Report 2011, Case No. AA 399.

99 S. z.B. im Bericht des *PCA*, Annual Report, 2014, S. 8.

100 "PCA Arbitration Rules 2012" vom 17. Dezember 2012: http://pca-cpa.org/shownews.asp?ac=view&pag_id=1261&searchkind=archive&nws_id=347.

101 http://www.globalarbitrationreview.com/events/888/2011-gar30-awards-dinner/; s. Rn. 90.

Art. 6 der UNCITRAL Schiedsverfahrensregeln deutlich. Die Bestimmung der von außen eingreifenden Einrichtungen wird nun einheitlich in einem Artikel zusammengefasst.[102] In der alten Fassung der Schiedsverfahrensregeln waren die entscheidenden Vorschriften noch im Regelwerk verteilt. Sollten sich die Parteien nicht bereits in der Schiedsklausel geeinigt haben, können sie nach Art. 6 Abs. 1 nun jederzeit eine Ernennende Stelle vorschlagen. Er stipuliert:

> *"[...], a party may at any time propose the name or names of one or more institutions or persons, including the Secretary-General of the Permanent Court of Arbitration at The Hague, one of whom would serve as appointing authority."*

Obwohl die Rolle des PCA eigentlich nicht erheblich verstärkt werden sollte,[103] kann nun ausdrücklich auch der Generalsekretär des PCA als Ernennende Stelle gewählt werden.[104] Damit ist dieser nicht die einzige mögliche Ernennende Stelle, allerdings drückt die Bezeichnung als erste unter gleichen („first among equals"[105]) die bestehende Vorrangstellung sehr treffend aus. Der Vorschlag des Königreich Bahrains, den PCA sogar direkt als Ernennende Stelle zu bestimmen, sollten sich die Parteien nicht einigen können (sog. „default appointing authority"), wurde abgelehnt. Man wollte die alte, erfolgreiche Vorgehensweise nicht unnötig verändern und eine gewisse Flexibilität bewahren, schließlich hätte sich sonst vieles auf den Sitz in Den Haag konzentriert, und es wurde befürchtet, dass unabhängige lokale Institutionen vernachlässigt würden.[106] Damit hätte man ebenfalls die universelle Akzeptanz der UNCITRAL Schiedsverfahrensregeln gefährdet, da mithin ein weltweit operierender, aber doch in Europa situierter Gerichtshof den regional akzeptierten Organisationen vorgezogen worden wäre. Auch

---

102 Diese Zusammenführung wird von *Binder,* Analytical Commentary to the UNCITRAL Arbitration Rules, S. 78 ff., 95, ausdrücklich begrüßt. Er weist jedoch treffend auf einige Schwachstellen der Novellierung hin, die in der Praxis zu Problemen führen könnten.

103 A/64/17, Rn. 295.

104 A/CN.9/619, Rn. 71.

105 *Drymer*, The revised 2010 UNCITRAL Arbitration Rules: New Rules / New Roles for Designating and Appointing Authorities, ASA Bulletin 2010, S. 869, 877.

106 A/64/17, para 295: *"[...] would appear as favoring the Court over other arbitral organizations [...]."*; A/CN.9/619, Rn. 71; *Crawford*, The Permanent Court of Arbitration and Mixed Arbitration, S. 1, 6.

der Generalsekretär des PCA war sich wohl dieses Potenzials bewusst und erklärte sich zur Übernahme entsprechender Aufgaben bereit.[107]

Art. 6 Abs. 2 gibt den Parteien die Möglichkeit, den Generalsekretär des PCA innerhalb von 30 Tagen nach Erhalt des Vorschlags im Sinne von Abs. 1, anzurufen, um die Ernennende Stelle bestimmen zu lassen:

> *"If all parties have not agreed on the choice of an appointing authority within 30 days after a proposal made in accordance with paragraph 1 has been received by all other parties, any party may request the Secretary-General of the PCA to designate the appointing authority."*

Sollte die Ernennende Stelle ihren Pflichten nicht nachkommen, kann der Generalsekretär die Ernennende Stelle auch ersetzen. Art. 6 Abs. 4 besagt:

> *"[...], if the appointing authority refuses to act, or if it fails to appoint an arbitrator within 30 days after it receives party's request to do so, fails to act within any other period provided by these Rules, or fails to decide on a challenge to an arbitrator within a reasonable time after receiving a party's request to do so, any party may request the Secretary-General of the PCA to designate a substitute appointing authority."*

Der Weg zur Bestimmung der Ernennenden Stelle war bereits in den Schiedsverfahrensregeln von 1976 angelegt. Ein eigener Artikel soll jedoch die gestiegene Bedeutung der darin beschriebenen Einrichtungen noch einmal hervorheben.[108] Auch der Generalsekretär des PCA bekommt mit der ausdrücklichen Nennung als Ernennende Stelle und der Funktion als Bestimmende Stelle eine besondere Bedeutung innerhalb der UNCITRAL Schiedsverfahrensregeln zugeschrieben. Der PCA besitzt in den entscheidenden Situationen Auffangkompetenzen und soll ein funktionierendes Verfahren gewährleisten. Er nimmt damit sozusagen die Rolle als „Hüter der UNCITRAL Schiedsverfahrensregeln“ ein.[109]

---

107 A/CN.9/665, Rn. 48.

108 A/CN.9/619, Rn. 69; A/CN.9/665, Rn. 46.

109 Formulierung von *Schmitt*, Der Hüter der Verfassung, in Bezug auf den Weimarer Reichspräsidenten. Auch das Bundesverfassungsgericht wird teilweise aufgrund seiner bedeutenden Position als "Hüter der Verfassung" bezeichnet, s. dazu: *Lembcke*, S. 73 ff.; Dabei soll die Bedeutung des PCA nicht mit der Bedeutung des Weimarer Reichspräsidenten oder des Bundesverfassungsgerichts gleichgestellt werden.

4. Die Verflechtungen zwischen UNCITRAL und den Schiedsinstitutionen

Die Verflechtungen zwischen UNCITRAL und den verschiedenen Schiedsinstitutionen sind in drei verschiedenen Formen zu beachten.

Zunächst gibt es eine allgemeine Kooperation, durch die UNCITRAL an den Erfahrungen der Institutionen teilhaben kann. UNCITRAL hat schon 1982 eine Zusammenarbeit mit den Schiedsinstitutionen empfohlen[110] und hat dies 2012 für die novellierte Fassung wiederholt.[111] Die Konsultation der Schiedsinstitutionen wird von UNCITRAL auch in den Erwägungsgründen der novellierten Schiedsverfahrensregeln ausdrücklich genannt.[112]

Ferner orientieren sich die Schiedsinstitutionen an den Überlegungen und Ergebnissen der UNCITRAL Arbeitsgruppen.[113] Die neuen Schiedsverfahrensregeln von 2010 wurden z.B. bereits vom Schiedsinstitut in Kuala Lumpur (KLRCA)[114] und vom in Hamburg ansässigen Schiedsinstitut für den Handel mit chinesischen Unternehmen (CEAC)[115] sowie zum 1. März 2011 vom Schiedsinstitut in Kairo (CRCICA) übernommen.[116] Auch wenn z.B. die Schweizer Handelskammer ihren expliziten Hinweis in ihrem Regelwerk von 2004 in ihren aktuellen Regeln von 2012 nicht mehr aufgreift,[117] so orientieren sich weitere Institutionen an den Ergebnissen.[118] Auch das

---

110 A/37/17, Rn. 85; A/CN.9/222, Rn. 6.

111 A/RES/67/90.

112 A/RES/31/98.

113 *Fouchard / Gaillard / Goldman*, Fouchard / Gaillard / Goldman on International Commercial Arbitration, Rn. 963.

114 Yearbook Commercial Arbitration XXXV, S. 19.

115 *Beneyto / Brödermann / Meyer / Zhao*, Neue Wege in der Schiedsgerichtsbarkeit: das Chinese European Arbitration Centre (CEAC) für China-Verträge, RIW 2011, S. 12, 16.

116 http://www.crcica.org.eg/publication/arbitration_rules/pdf/English/CRCICA_arbitration_rules_en.pdf.

117 S. Einführung b) der Schiedsordnung von 2004, https://www.swissarbitration.org/sa/download/SRIA_german.pdf.

118 Z.B. die Regelwerke von ACICA, HKCIA und der Inter-American Commercial Arbitration Commission.

„Iran-United States Claim Tribunal“ und der PCA selbst arbeiten offiziell unter leicht modifizierten UNCITRAL Schiedsverfahrensregeln.[119]

Weiterhin werden die Institutionen aufgrund ihrer Expertise häufig als Ernennende Stelle unter den UNCITRAL Schiedsverfahrensregeln gewählt oder sollen administrative Hilfe bereitstellen.[120] Sie bekommen damit die Eingriffsmöglichkeiten aus dem Regelwerk für das einzelne Verfahren übertragen. Das Verfahren basiert in diesem Fall weiter auf den UNCITRAL Schiedsverfahrensregeln; die Schiedsinstitution als Ernennende Stelle kann auch ausgetauscht werden.[121] Die ICC übernahm die Rolle der Ernennenden Stelle in einem Verfahren unter UNCITRAL Schiedsverfahrensregeln im Jahre 2005 z.B. in 11 Fällen, 2007 in 5 Fällen, im Jahre 2009 in deren 8.[122] Dabei gibt es explizite Abkommen mit verschiedenen Schiedsinstitutionen. Als Folge stellen z.B. ICC, AAA und DIS sogar ein eigenes Regelwerk für UNCITRAL Schiedsverfahren unter Administration der Schiedsinstitution als Ernennende Stelle bereit.[123] Auch das SCC und viele weitere Schiedsinstitutionen übernehmen diese Aufgabe.[124]

Die dargestellte Verflechtung und Zusammenarbeit von UNCITRAL mit den Schiedsinstitutionen führt zu einer weiteren Annäherung der verschiedenen Regelwerke. Die Erfahrungen der Institutionen hat UNCITRAL bei der Novellierung der UNCITRAL Schiedsverfahrensregeln im Jahre 2010 beachtet und die Rolle der Ernennenden Stelle weiter gestärkt. Zusammen mit

119 Art. 1.1 Tribunal Rules of Procedure: http://www.iusct.org/tribunal-rules.pdf; Einleitung zu den Prozessregeln des PCA: http://www.pca-cpa.org/showpage.asp?pag_id=1188.

120 A/CN.9/222, Rn. 31; A/CN.9/704, S. 4; s. *Webster*, Handbook of UNCITRAL Arbitration, para. 6–23 ff.

121 S. oben zu Art. 6 Abs. 4 UNCITRAL Schiedsverfahrensregeln.

122 *Briner / Hömberg* in: Torggler, Praxishandbuch Schiedsgerichtsbarkeit, S. 387; *ICC*, Statistical Report 2009.

123 ICC: „Rules of ICC as Appointing Authority in UNCITRAL or Other Ad Hoc Arbitration Proceedings”, http://www.iccwbo.org/uploadedFiles/Court/Arbitration/other/rules_appointing_ english.pdf; AAA: “Procedures for Cases under the UNCITRAL Arbitration Rules”, http://www.adr.org/sp.asp?id=24213; Das Regelwerk der DIS ist nur auf English unter: http://www.dis-arb.de/scho/16/rules/uncitral-arbitration-rules-administered-by-the-dis-id32 abrufbar.

124 SCC, Arbitration in Sweden, 3. Auflage 2011, S. 30.

der Bestimmenden Stelle überwachen sie das Verfahren und tragen zu einer Institutionalisierung des Schiedsverfahrens unter UNCITRAL Schiedsverfahrensregeln bei. Wesentliches Kriterium sind dafür die Eingriffsmöglichkeiten der außenstehenden Einrichtungen in das konkrete Schiedsverfahren, die miteinander zu vergleichen sind.

C. Die Eingriffsmöglichkeiten in das Schiedsverfahren als Anhaltspunkte für die Einordnung als semi-institutionelle Schiedsverfahrensregeln

Dieser Teil der Bearbeitung gibt eine Übersicht über den Verfahrensablauf unter den UNCITRAL Schiedsverfahrensregeln, unter den nationalen Schiedsgesetzen sowie unter institutionellen Schiedsverfahrensregeln und stellt die Eingriffsmöglichkeiten von außen in das Verfahren gegenüber. Ausgehend von der These Fouchards soll festgestellt werden, ob die institutionellen Schiedsverfahrensregeln das Schiedsverfahren tatsächlich in größerem Umfang institutionalisieren oder ob die Unterstützungsmaßnahmen von außen denen in den UNCITRAL Schiedsverfahrensregeln gleichen. Weiterhin ist zu untersuchen, ob der Gang vor ein staatliches Gericht durch die Einigung auf UNCITRAL Schiedsverfahrensregeln in gleichem Maße wie in institutionellen Schiedsverfahren versperrt ist. Dies sind die wesentlichen Kriterien die eine Einordnung in das Begriffspaar ad hoc oder institutionelles Schiedsverfahren begründen oder die Bezeichnung als semi-institutionelle Schiedsverfahrensregeln legitimieren.

Für gewöhnlich übernehmen die Institutionen eine Reihe unterschiedlicher Aufgaben, die z.B sehr übersichtlich in Artikel 6, Appendix 1 SCC aufgelistet sind. Demnach muss der Vorstand Entscheidungen über die Zuständigkeit („Jurisdiction"), Kostenvorschüsse („advances on costs"), die Ernennung der Schiedsrichter („appointment of arbitrators"), die Ablehnung der Schiedsrichter („challenges to arbitrators"), das Entfernen der Schiedsrichter („removal of arbitrators") und das Festsetzen der Kosten („fixing of arbitration costs") treffen. Art. 9 SCC führt darüber hinaus noch die Zusammenlegung von Schiedsverfahren („Consolidation / Joinder"), die Anzahl der Schiedsrichter („number of arbitrators") und die Entscheidung über den Sitz des Schiedsverfahrens („placc of arbitration") auf. Diese Aspekte werden thematisch geordnet und als Anhaltspunkte für die Einordnung der UNCITRAL Schiedsverfahrensregeln als ad hoc, institutionelle oder semi-institutionelle Schiedsverfahrensregeln untersucht.

I. Die Zusammensetzung des Schiedsgerichts

Die Zusammensetzung des Schiedsgerichts ist von zentraler Bedeutung für die Durchführung des Schiedsverfahrens.[125] Eingriffsmöglichkeiten von außen sorgen für eine größere Sicherheit, dass das Verfahren wie gewünscht begonnen, fair geführt und effektiv abgeschlossen werden kann. Die Kompetenzen der außenstehenden Fazilitäten hinsichtlich der Entscheidung über die Anzahl (**1.**), Ernennung (**2.**) und Ablehnung (**3.**) der Schiedsrichter sowie über die Möglichkeiten das Verfahren fortzusetzen (**4.**) bedürfen daher besonderer Beachtung.

1. Die Anzahl der Schiedsrichter

Das Schiedsverfahren wird von einem eigens für das Verfahren eingerichteten Schiedsgericht geleitet. Zunächst ist dafür die Anzahl der Schiedsrichter zu bestimmen. Sollten sich die Parteien nicht einigen können, so haben die Verfahrensregeln unterschiedliche Auffangregeln geschaffen. Die nationalen Schiedsgesetze nach dem Vorbild des UNCITRAL Modellgesetzes sehen nach dessen Art. 10 Nr. 2 in jedem Fall ein Dreipersonenschiedsgericht vor. Unter dem Regelwerk der ICC ernennt der Gerichtshof in diesem Fall einen „Einzelschiedsrichter, sofern er nicht angesichts der Bedeutung der Streitigkeit die Ernennung von drei Schiedsrichtern für gerechtfertigt hält.“[126] Die Schiedsverfahrensregeln von SCC, DIS und UNCITRAL sehen wiederum ein Schiedsgericht mit drei Schiedsrichtern vor.[127] Während das Regelwerk der DIS ein Schiedsgericht aus drei Personen für alle Fälle bestimmt, beinhalten die Schiedsverfahrensregeln von SCC und UNCITRAL jedoch Ausnahmen zu dieser Regel. Gem. der entsprechenden Vorschrift des SCC kann „der Vorstand unter Berücksichtigung der Komplexität des Falles, des Streitwerts oder anderer Umstände“ beschließen, „dass die Streitigkeit von einem Einzelschiedsrichter zu entscheiden ist.“[128] UNCITRAL hat Art. 7

---

125 *Blackaby/Partasides* in: Redfern/Hunter, Redfern and Hunter on International Arbitration, para. 4.14.

126 Art. 12 Abs. 2 ICC.

127 Art. 12 S. 2 SCC, § 3 DIS und Art. 7 Abs. 1 UNCITRAL Schiedsverfahrensregeln.

128 Art. 12 S. 2 SCC.

Abs. 2 hingegen erst durch die Novellierung der Schiedsverfahrensregeln implementiert. Diese besagt:

> *"Notwithstanding paragraph 1, if no other parties have responded to a party's proposal to appoint a sole arbitrator within the time limit provided for in paragraph 1 [30 days, d.Verf] and the party or parties concerned have failed to appoint a second arbitrator in accordance with article 9 or 10, the appointing authority may, at the request of a party, appoint a sole arbitrator pursuant to the procedure provided for in article 8, paragraph 2, if it determines that, in view of the circumstances of the case, this is more appropriate"*

Während der Novellierung wurde auch über die Abkehr von der Grundregel diskutiert, schließlich kann ein Einzelschiedsgericht erheblich günstiger und effizienter zu einem Schiedsspruch kommen.[129] Auf der anderen Seite erhöht ein Schiedsgericht aus drei Personen die Legitimität und kann Unabhängigkeit und Fairness besser gewährleisten.[130] Außerdem entspricht dies eher dem Sicherheitsdenken vieler Anwender, die zumindest einen Schiedsrichter selbst wählen möchten.[131] Diese Argumente ähneln schon denen im Erarbeitungsprozess zu den UNCITRAL Schiedsverfahrensregeln von 1976. Im Ergebnis stellte die Arbeitsgruppe daher ausdrücklich fest, dass man sich nicht auf eine Auffangregel habe einigen können und deswegen dem Ansatz des Regelwerks von 1976 folge.[132]

Allerdings ist man der Notwendigkeit, in Einzelfällen ein Einzelschiedsgericht zu benennen, mit der Einführung von Art. 7 Abs. 2 des Regelwerkes begegnet. Damit wurde eine flexiblere Lösung gefunden und eine neue Kompetenz der Ernennenden Stelle zugeschrieben, die ansonsten von der Schiedsinstitution übernommen würde. Gleichzeitig wird der Weg vor ein staatliches Gericht zur Bestimmung der Anzahl der Schiedsrichter gesperrt. Damit scheint die Lösung der UNCITRAL derjenigen des SCC zu entsprechen. Allerdings muss hier darauf hingewiesen werden, dass die Voraussetzungen in den UNCITRAL Schiedsverfahrensregeln kumulativ vorliegen

---

129 *Caron / Caplan*, The UNCITRAL Arbitration Rules – A Commentary, S. 163.

130 A/CN.9/665, Rn. 58.

131 A/CN.9/614, Rn. 60; *Fouchard / Gaillard / Goldman*, Fouchard / Gaillard / Goldman on International Commercial Arbitration, Rn. 961.

132 A/CN.9/665, Rn. 61: *„the Working Group did not reach consensus in favour of either option, and for that reason decided that the default rule, as contained in article 5 of the 1976 version of the Rules should be maintained.“*

müssen. Demnach müsste eine Partei ein Einzelschiedsgericht vorgeschlagen, keine Partei innerhalb des Zeitlimits darauf geantwortet und auch keinen zweiten Schiedsrichter ernannt haben. Auf Verlangen einer Partei könnte die Ernennende Stelle dann aktiv werden. Dies ist eine restriktive Ausnahmeregelung, die den Beklagten zur Mitarbeit bei der Konstituierung des Schiedsgerichts drängen und mögliche Verzögerungstaktiken verhindern soll.[133] Die neu geschaffene Vorschrift wird aufgrund der kumulativen Voraussetzungen in der Praxis wohl eher selten zur Anwendung kommen. Damit ist die in Art. 7 Abs. 2 UNCITRAL Schiedsverfahrensregeln geschaffene Kompetenz der Ernennenden Stelle keine Umkehrung des Standards, der weiterhin zugunsten eines Dreipersonenschiedsgerichts spricht. Andererseits ist festzuhalten, dass die UNCITRAL Schiedsverfahrensregeln eine der Schiedsinstitution der DIS unbekannte Kompetenz der Ernennenden Stelle übertragen hat, denn das Regelwerk der DIS bleibt in allen Verfahren bei einem Dreipersonenschiedsgericht.

Die Vorschriften sowohl von ICC als auch von SCC und UNCITRAL beginnen an unterschiedlichen Startpunkten, eröffnen der zuständigen Einrichtung jedoch die Möglichkeit, die Anzahl der Schiedsrichter den Umständen entsprechend anzupassen. Damit ähneln die UNCITRAL Schiedsverfahrensregeln in diesem Punkt den Regelwerken von ICC und SCC weit mehr als die „institutionellen" Schiedsverfahrensregeln der DIS.

2. Die Ernennung der Schiedsrichter

Die Schiedsvereinbarung besteht zwischen den Parteien. Der Schiedsrichtervertrag wird hingegen von den Parteien mit den Schiedsrichtern geschlossen, die das Amt übernehmen. Die Schiedsrichter werden von den Parteien bestimmt und in institutionellen Schiedsverfahren von den Institutionen abschließend bestellt.[134] Einen solchen Zweischritt kennen die UNCITRAL Schiedsverfahrensregeln nicht. Dies ist bereits der erste Unterschied zu den institutionellen Schiedsverfahrensregeln. Der Schutz der Überparteilichkeit der

133 A/CN.9/665, Rn. 62.

134 *Lionnet*, Handbuch der internationalen und nationalen Schiedsgerichtsbarkeit, S. 196; dies wird deutlich an Art. 13 Abs. 2 ICC, Art. 14 Abs. 2 SCC und § 17 DIS.

Schiedsrichter kann aber auch in den UNCITRAL Schiedsverfahrensregeln durch das Recht der Ablehnung eines Schiedsrichters gewährleistet werden.

Unter UNCITRAL Schiedsverfahrensregeln wird der Einzelschiedsrichter (**a.**) – oder bei einem Mehrpersonenschiedsgericht die „Parteischiedsrichter“ (**b.**) –von den Parteien direkt ernannt. Zumeist besteht das Schiedsgericht aus drei Personen: die zwei „Parteischiedsrichter“ einigen sich auf einen Vorsitzenden (**c.**). In einem Verfahren mit mehr als zwei Parteien ist das „Grundrecht“[135] der Schiedsrichterbestellung in Gefahr, sodass in den Schiedsverfahrensregeln explizite Regelungen vorhanden sind (**d.**).

a) Die Bestimmung des Einzelschiedsrichters

In einem Verfahren unter UNCITRAL Schiedsverfahrensregeln haben die Parteien nach der Feststellung, dass ein Einzelschiedsrichter zu bestimmen ist, 30 Tage Zeit, um sich auf einen geeigneten Kandidaten zu einigen. Sollte dies nicht gelingen, kann eine der Parteien die Ernennende Stelle anrufen.[136] Die Vorschriften von ICC und DIS entsprechen dieser Regelung sogar in der Fristenlänge, das SCC verkürzt diese dagegen auf nur 10 Tage. Nach Ablauf der Frist wird nach allen Regelwerken die Institution ersatzhalber tätig.[137] Es fällt den Parteien häufig schwer, sich auf einen Einzelschiedsrichter zu einigen, da man sich der Gerichtsbarkeit einer einzelnen Person unterwirft und ein Misstrauen gegenüber der anderen Partei mitbringt. Daher ist die Einschaltung der Schiedsinstitution oder Ernennenden Stelle oft unvermeidlich.[138] Das UNCITRAL Modellgesetz stellt hingegen keine Frist auf und setzt für das Eingreifen eines staatlichen Gerichts bloß die Unfähigkeit zur Einigung voraus.[139] Mit der Einigung auf die UNCITRAL Schiedsverfahrensregeln wird stattdessen eine Ersatzkompetenz der Ernennenden Stelle bereitgestellt. In dieser bedeutenden Kompetenzfrage wird damit eine den

---

135 So *Laschet,* Die Mehrparteienschiedsgerichtsbarkeit, in: FS Bülow, 1981, S. 109; *Schwab* Mehrparteienschiedsgerichtsbarkeit und Streitgenossenschaft, in: FS Habscheid, 1989, S. 290.

136 Art. 8 Abs. 1 UNCITRAL Schiedsverfahrensregeln; Abs. 2 sieht dafür das sog. *„list-procedure“* vor.

137 Art. 12 Abs. 3 ICC und § 14 DIS; Art. 13 Abs. 2 SCC.

138 *Lachmann*, Handbuch für die Schiedsgerichtspraxis, Rn. 796.

139 Art. 11 Abs. 3 b) UNCITRAL Modellgesetz: *„unable to agree*”.

institutionellen Schiedsverfahrensregeln vergleichbare Regelung getroffen und der direkte Gang vor ein staatliches Gericht versperrt.

Weder ICC[140] noch SCC[141] oder DIS[142] haben eine Liste potentieller Schiedsrichter. Sie werden je nach Einzelfall im Lichte der benötigten Kompetenzen bestellt. Auch der PCA hat keine Schiedsrichterliste, sondern bestimmt die geeignetste Person.[143] Darüber hinaus sind Schiedsrichterkandidaten mit Lebenslauf im Internet zu finden oder erscheinen in verschiedenen Publikationen. Dabei sind insbesondere die Übersichten in der Loseblattsammlung „Roster of International Arbitrators"[144] und der Internetplattform „Who is Who Legal"[145] hervorzuheben. Wird hingegen ein Schiedsrichter durch ein staatliches Gericht bestimmt, neigen die zuständigen Richter dazu, ehemalige Richter als Schiedsrichter zu bestimmen. Diese führen das Amt dann nach „Richterart" durch. Da ein Schiedsverfahren jedoch trotzdem auf den ursprünglichen Konsens zum Schiedsverfahren aufbaut und eine aktivere Mitarbeit der Parteien fordert, kann die mangelnde Erfahrung der Richter in diesem Bereich Probleme in der Verfahrensdurchführung hervorrufen.[146] Die Ernennende Stelle wird demnach in UNCITRAL Schiedsverfahren zwar zum Teil andere Schiedsrichter als die Schiedsinstitution wählen. Allerdings ist für das Ziel der Bearbeitung entscheidend, dass durch die Einigung auf die UNCITRAL Schiedsverfahrensregeln die Kompetenz einer außenstehenden Stelle zur Bestimmung des Einzelschiedsrichters geschaffen wurde und der

---

140 *Karrer* in: Torggler, Praxishandbuch Schiedsgerichtsbarkeit, S. 99 f.: Stattdessen werden diese von Nationalkommittees nach geografischen und sachlichen Überlegungen ausgewählt und vom Schiedsgerichtshof des ICC berufen; allerdings gibt es eine „interne, vertrauliche Liste", *Heitzmann* in: Götz Staehelin / Gola / Graf, Institutional Arbitration, Tasks and Powers of different Arbitration Institutions, S. 14.

141 *Hobér*, International Commercial Arbitration in Sweden, para. 4.19; SCC, Arbitration in Sweden, 3. Auflage 2011, S. 81.

142 Gem. Art. 2 Abs. 3 DIS kann die Institution jedoch "Anregungen für die Schiedsrichterauswahl" geben.

143 http://www.pca-cpa.org/showpage.asp?pag_id=1063; "*the most appropriate person for the matter at hand.*"

144 *Smit / Mistelis*, Roster of International Arbitrators, S. 1 ff.

145 www.whoswholegal.com.

146 *Karrer* in: Torggler, Praxishandbuch Schiedsgerichtsbarkeit, S. 95.

Gang vor ein staatliches Gericht blockiert wird. Damit ist das Regelwerk in diesem Punkt mit den institutionellen Schiedsverfahrensregeln vergleichbar.

b) Die Bestimmung der „Parteischiedsrichter"

Bei einem Schiedsgericht aus drei Personen hat sowohl der Kläger als auch der Beklagte die Möglichkeit, einen Schiedsrichter zu bestimmen. Diese Schiedsrichter werden auch als „Parteischiedsrichter" bezeichnet, haben jedoch jederzeit das Gebot „überparteilicher Rechtspflege" zu beachten.[147]

Nach den UNCITRAL Schiedsverfahrensregeln kann eine Partei die Ernennende Stelle zur Bestimmung des zweiten Schiedsrichters auffordern, sofern die andere Partei von ihrem Recht innerhalb von 30 Tagen keinen Gebrauch gemacht hat.[148] Auch die institutionellen Schiedsverfahrensregeln begründen eine vergleichbare Kompetenz der Schiedsinstitution. Dabei ist nur die Fristenregelung unterschiedlich. Während die ICC keine Frist setzt und damit auf die Wertungen des Schiedsgerichtshofes im Einzelfall setzt, stipuliert das SCC eine von den Parteien – oder ersatzhalber vom Vorstand – flexibel zu bestimmende Frist.[149] Die DIS stellt auf die Frist der UNCITRAL Schiedsverfahrensregeln ab, die jedoch auf Antrag verlängert werden kann.[150] Sollte eine Partei nach Ablauf dieser Frist einen Schiedsrichter benennen, so hat dies keine Rechtswirkungen.

Das UNCITRAL Modellgesetz bestimmt das Recht, nach Ablauf von 30 Tagen ersatzhalber vor einem staatlichen Gericht die Bestimmung des Schiedsrichters zu fordern.[151] Allerdings bestellt das Gericht regelmäßig den zu spät ernannten Schiedsrichter.[152] In gleicher Weise agieren auch die Schiedsinstitutionen und die Ernennende Stelle.[153] Die angeführten Vorschriften ähneln sich. Allerdings versperren die UNCITRAL Schiedsverfahrensregeln und die

---

147 s. *Albers*, Der parteibestellte Schiedsrichter im schiedsgerichtlichen Verfahren der ZPO und das Gebot überparteilicher Rechtspflege, S. 28 ff., 37: „Überparteilichkeit" umfasst danach „Unparteilichkeit", „Objektivität" und „Neutralität".

148 Art. 9 Abs. 2 UNCITRAL Schiedsverfahrensregeln.

149 Art. 12 Abs. 4 ICC und Art. 13 Abs. 3 SCC.

150 § 12 Abs. 1 DIS.

151 Art. 11 Abs. 3 a) UNCITRAL Modellgesetz.

152 *Reiner/Jahnel* in: Schütze, Institutionelle Schiedsgerichtsbarkeit, S. 35.

153 Vgl. *Derains/Schwartz*, A guide to the ICC rules of arbitration, S. 201.

institutionellen Schiedsverfahrensregeln den Gang vor ein staatliches Gericht und übertragen der Ernennenden Stelle bzw. der Schiedsinstitution die Kompetenz, die Parteischiedsrichter zu bestimmen. Damit entfernen sich die UNCITRAL Schiedsverfahrensregeln auch in diesem Punkt von einem ad hoc Schiedsverfahren und ähneln den institutionellen Regelwerken.

c) Die Bestimmung des Vorsitzenden

In einem Mehrpersonenschiedsgericht – für gewöhnlich ein Schiedsgericht aus drei Personen – bestimmen unter UNCITRAL Schiedsverfahrensregeln die beiden Parteischiedsrichter den Vorsitzenden des Schiedsgerichts.[154] Mithin wird die Entscheidung über den dritten Schiedsrichter zwar den Parteien abgenommen, jedoch nicht auf eine außenstehende Stelle übertragen, sondern direkt von den unmittelbar gewählten Parteischiedsrichtern getroffen. Sollten sich diese nicht innerhalb von 30 Tagen auf einen Vorsitzenden einigen, wird die Ernennende Stelle ersatzhalber tätig.[155] Dieselbe Regelung trifft auch das UNCITRAL Modellgesetz, schafft jedoch ausdrücklich die Ersatzbefugnis des staatlichen Gerichts.[156]

Nach den Vorschriften von ICC und SCC wird der Vorsitzende des Schiedsgerichts hingegen direkt vom Vorstand benannt.[157] Die Regelung in den Schiedsverfahrensregeln der DIS überträgt wiederum den beiden Parteischiedsrichtern die Aufgabe, den Vorsitzenden zu benennen. Erst wenn diese Benennung nicht innerhalb von 30 Tagen bekanntgemacht wurde, kann jede Partei eine Ersatzbestellung durch den DIS-Ernennungsausschuss beantragen.

Damit ist auch hier die Regelung der DIS mit den UNCITRAL Schiedsverfahrensregeln identisch. Dies ist jedoch nicht der Standard unter institutionellen Schiedsverfahrensregeln, wie ein zusätzlicher Blick auf die Regelungen von LCIA und ICDR zeigt.[158] Diese nutzen ihre Möglichkeiten,

---

154 Art. 9 Abs. 1 UNCITRAL Schiedsverfahrensregeln.
155 Art. 9 Abs. 3 UNCITRAL Schiedsverfahrensregeln.
156 Art. 11 Abs. 3 b) UNCITRAL Modellgesetz.
157 Art. 12 Abs. 5 ICC und Art. 13 Abs. 3 S. 2 SCC.
158 Art. 6 Abs. 3 ICDR und Art. 5 Abs. 7 LCIA, wobei jedoch alle Schiedsrichter durch die Schiedsinstitution bestellt werden: „*No party or third person may appoint any arbitrator under the arbitration agreement.*“

um schnell und effektiv das Verfahren mit einem Vorsitzenden ihrer Wahl beginnen zu lassen. Damit liegt hier ein grundlegender Unterschied zwischen UNCITRAL Schiedsverfahrensregeln bzw. dem DIS Regelwerk und den restlichen institutionellen Schiedsverfahrensregeln vor. Doch die abweichenden Regelungen von DIS und UNCITRAL stärken die Unabhängigkeit der Schiedsrichter gegenüber den außenstehenden Einrichtungen. Sollten sich die Parteischiedsrichter auf einen Vorsitzenden einigen können, so fördert dies auch die weitere kooperative Zusammenarbeit des Schiedsgerichts. Um die Effizienz des Verfahrens zu bewahren, haben allerdings auch diese Regelwerke eine Ersatzkompetenz der zuständigen Stelle inkorporiert, sodass gleichsam der Gang vor ein staatliches Gericht verwehrt wird. Der Unterschied wirkt sich daher in Bezug auf den Untersuchungsgegenstand, also die Eingriffsmöglichkeiten von außen, nicht aus.

d) Die Bestimmung in Mehrparteienverfahren

Lässt man eine Mehrheit an Klägern oder Beklagten zu, gerät das „Grundrecht" der Parteien zur Bestimmung eines Schiedsrichters in Gefahr. Zu beachten ist dabei das Urteil des französischen Cour de Cassation aus dem Jahre 1992. Im zugrundeliegenden Rechtsstreit waren drei Firmen durch ein multilaterales Konsortium zum Bau eines Zementwerkes im Oman verbunden. Der Cour d'Appel stellte fest, dass mit der Verflechtung der Parteien die Möglichkeit eines Mehrparteienschiedsverfahrens und der mögliche Rechtsverlust anerkannt worden seien.[159] Der Cour de Cassation hob dieses Urteil mit dem Hinweis auf die Gleichheit der Parteien und den einhergehenden Verstoß gegen den französischen *ordre public* auf.[160] Andere Gerichte sind mittlerweile jedoch dem Ansatz des Cour d'Appel gefolgt.[161] Auch die Schiedsinstitutionen sahen die Notwendigkeit, eine praktikable Lösung zu finden. Nach der überwiegenden Zahl der institutionellen Schiedsverfahrensregeln müssen

159 Cour d'Appel, *Siemens & BKMI Industrieanlagen GmbH v Dutco Construction Company Ltd.*, 7.01.1992, Yearbook Commercial Arbitration XVIII, S. 140.

160 Cour de Cassation, Ebd., S. 141.

161 *Lew / Mistelis / Kröll*, Comparative International Commercial Arbitration, S. 385; z.B. Tribunal Fédéral (Schweiz), *Ägypten v Westland Helicopters*, 19.07.1988, Yearbook Commercial Arbitration XVI, S. 174, 180.

daher nun mehrere Parteien auf einer Seite gemeinsam einen Schiedsrichter benennen.[162] Darunter fallen auch die Regelungen von ICC, SCC und DIS.[163] Auch die UNCITRAL Schiedsverfahrensregeln beinhalten eine entsprechende Vorschrift.[164] Sollten sich mehrere Parteien auf den von ihnen gemeinsam zu bestimmenden Schiedsrichter nicht einigen, bedarf es indessen einer effizienten Auffangregel.

Erst mit der Novellierung der UNCITRAL Schiedsverfahrensregeln konnte auf das aufgekommene Problem der Mehrparteienschiedsgerichtsbarkeit eingegangen werden. Gem. Art. 10 Abs. 3 UNCITRAL Schiedsverfahrensregeln wird die Ernennende Stelle nunmehr ersatzhalber tätig:

> *"In the event of any failure to constitute the arbitral tribunal under these Rules, the appointing authority shall, at the request of any party, constitute the arbitral tribunal and, in doing so, may revoke any appointment already made and appoint or reappoint each of the arbitrators and designate one of them as the presiding arbitrator."*

UNCITRAL hat somit dem Schiedsgericht größtmöglichen Spielraum gewährt. Die Ernennende Stelle kann ihr Recht bei allen Fehlern der Konstituierung des Schiedsgerichts ausüben und dabei alle Schiedsrichter ernennen oder neubenennen. Sie ist nicht verpflichtet zu handeln. Darüber hinaus kann sie alle Schiedsrichter ernennen, um den Parteien wenigstens in gleicher Weise ihr Recht, einen Schiedsrichter zu bestimmen, vorzuenthalten.

Die Parteien könnten sich auch bewusst einer gemeinsamen Benennung verschließen und dadurch eine Bestellung des gesamten Schiedsgerichts durch die Ernennende Stelle notwendig machen. In anderen Fällen könnte eine Partei einen Schiedsrichter zu spät benennen. Um dieser Situation vorzubeugen, kann die Ernennende Stelle bereits ernannte Schiedsrichter ausdrücklich auch wieder bestellen („reappoint").[165] Die institutionellen Schiedsverfahrensregeln

---

162 *Ugarte / Bevilacqua*, Ensuring Party Equality in the Process of Designating Arbitrators in Multiparty Arbitration: An Update on the Governing Provisions; J. Int'l Arb. 2010, S. 9, 16 ff.; *Bredow / Mulder* in: Böckstiegel / Kröll / Nacimiento, Arbitration in Germany; The Model Law in Practice, S. 708.

163 Art. 10 ICC, Art. 13 Abs. 4 SCC, § 13 Abs. 1 DIS.

164 Art. 10 Abs. 1 UNCITRAL Schiedsverfahrensregeln.

165 *Grimmer*, J. Int'l Arb. 2011, S. 501, 508; bezüglich der novellierten Fassung der UNCITRAL Schiedsverfahrensregeln stellten Ugarte und Bevilacqua schon 2010 fest, dass diese die expliziteste Regelung zur Festschreibung der Kompetenz der

haben vergleichbare Regelungen inkorporiert, auch wenn weder ICC, SCC noch DIS ausdrücklich die Möglichkeit festgelegt haben, einen Schiedsrichter erneut zu bestellen.[166]

Das UNCITRAL Modellgesetz hat hingegen keine Regelung zur Bestimmung der Schiedsrichter in Mehrparteienverfahren getroffen. Damit besteht keine ausdrückliche Kompetenz des staatlichen Gerichts, die aber im Wege der üblichen Hilfe der Gerichte für das Fortkommen des Schiedsverfahrens geleistet werden kann.

Die UNCITRAL Schiedsverfahrensregeln haben mit der Novellierung ausdrückliche Regelungen zur Mehrparteienschiedsgerichtsbarkeit bekommen. Gleichzeitig wurde der Gang vor ein staatliches Gericht gesperrt und stattdessen eine Entscheidung der Ernennenden Stelle vorgesehen, hilfsweise das gesamte Schiedsgericht zu ernennen.[167] Dies ist eine bedeutende Änderung, da mithin die Parteien auch vollständig von der Ausübung ihres Rechts ausgeschlossen werden können. In diesem Punkt wurden die UNCITRAL Schiedsverfahrensregeln daher deutlich institutionalisiert und ähneln den Regelungen von ICC, DIS und SCC.

3. Die Ablehnung der Schiedsrichter

In einem Verfahren unter UNCITRAL Schiedsverfahrensregeln müssen die Schiedsrichter ihre Überparteilichkeit erklären, wenn die Übernahme des Schiedsrichteramtes an sie herangetragen wird.[168] Zur Erleichterung wurde

außenstehenden Einrichtung sei: "the most explicit of any major set of arbitration rules regarding the possibility for the appointing authority to confirm an arbitrator that had already been designated by a party or multiple parties when the designation process ran aground", *Ugarte/Bevilacqua*, Ensuring Party Equality in the Process of Designating Arbitrators in Multiparty Arbitration: An Update on the Governing Provisions, J. Int'l Arb 2010, S. 9, 18.

166 Vgl. Art. 12 Abs. 8 ICC, Art. 13 Abs. 4, Art. § 13 Abs. 2 DIS.

167 Noch unklar ist, für welche Situationen Art. 10 Abs. 3 noch gelten soll, da dieser Absatz nach seinem Wortlaut nicht nur auf Mehrparteienschiedsverfahren ausgelegt ist, die gängigen Fehler bei der Konstituierung des Schiedsgerichts jedoch durch andere Vorschriften abgedeckt sind; vgl. *Grimmer*, The Expanded Role of the Appointing Authority under the UNCITRAL Arbitration Rules 2010, J. Int'l Arb. 2011, S. 501, 509.

168 Art. 11 UNCITRAL Schiedsverfahrensregeln, sog. „*disclosure*".

im Rahmen der Novellierung eine Modellklausel einer solchen Erklärung in den Anhang eingefügt.[169] Zur Begründung eines Ablehnungsrechts müssen berechtigte Zweifel an der Überparteilichkeit des Schiedsrichters bestehen.[170] Sollten sich die Parteien über die Auswirkungen der Ablehnung nicht innerhalb von 15 Tagen einigen, so kann die anfechtende Partei eine Entscheidung der Ernennenden Stelle einholen:

> *"[...] In that case, [...], it shall seek a decision on the challenge by the appointing authority."*[171]

Art. 12 der Schiedsverfahrensregeln von 1976 sah eine vergleichbare Kompetenz der Ernennenden Stelle vor, ließ jedoch jegliche Fristenregelung vermissen.

In einem Verfahren unter dem Regelwerk der ICC entscheidet der Gerichtshof über die Zulässigkeit und Begründetheit eines Ablehnungsantrags, nachdem er allen Beteiligten eine angemessene Gelegenheit zur Stellungnahme gegeben hat.[172] Darüber hinaus kann der Gerichtshof sogar „von sich aus einen Schiedsrichter ersetzen, wenn er feststellt, dass dieser Schiedsrichter *de jure* oder *de facto* gehindert ist, seinen Pflichten nachzukommen [...]".[173] Unter dem Regelwerk der ICC werden knapp 800 Verfahren im Jahr angestrengt und nur etwa 20 Schiedsrichter angefochten, wovon zwei oder drei Begehren erfolgreich sind.[174] Nach einer anderen Statistik war 2007 von 26 Ablehnungen eine einzige erfolgreich und insgesamt bisher 28 in der Geschichte der ICC.[175] Wenn man bedenkt, dass die ICC bereits

---

169 Annex der UNCITRAL Schiedsverfahrensregeln: „*Model statements of independence pursuant to Article 11 of the Rules*". Dabei helfen die "*IBA Guidelines on Conflicts of Interest in International Arbitration*" zur Feststellung einer möglichen Befangenheit.

170 Art. 12 Abs. 1 UNCITRAL Schiedsverfahrensregeln: „*justifiable doubts*".

171 Art. 13 Abs. 4 UNCITRAL.

172 Art. 14 Abs. 3 ICC.

173 Art. 15 Abs. 2 ICC; alleine zwischen 2000 und 2004 hat der Gerichtshof davon in 23 Fällen Gebraucht gemacht, *Derains / Schwartz*, A guide to the ICC rules of arbitration, S. 197.

174 *Karrer* in: Torggler, Praxishandbuch Schiedsgerichtsbarkeit, S. 102; s. ICC Statistics: http://www.iccwbo.org/Products-and-Services/Arbitration-and-ADR/Arbitration/Introduction-to-ICC-Arbitration/Statistics/.

175 *Heitzmann* in: Götz Staehelin / Gola / Graf, Institutional Arbitration, Tasks and Powers of different Arbitration Institutions, S. 129.

tausende Schiedsrichter bestellt hat, so drückt diese Zahl die hohen Anforderungen aus, die die ICC an eine erfolgreiche Ablehnung stellt. Außerdem wird die Sensibilität der Schiedsrichter deutlich, die im Zweifelsfalle bereits im Vorhinein auf das Schiedsrichteramt verzichten.

Die Schiedsverfahrensregeln des SCC überlassen den Parteien die Möglichkeit, einen Schiedsrichter bei berechtigten Zweifeln an seiner Überparteilichkeit anzufechten.[176] Stimmt die andere Partei der Ablehnung zu, hat der Schiedsrichter sein Amt niederzulegen. In allen anderen Fällen trifft der „Vorstand die endgültige Entscheidung über die Ablehnung".[177]

Nach den Schiedsverfahrensregeln der DIS können die Parteien einen Schiedsrichter innerhalb von zwei Wochen nach der Konstituierung des Schiedsgerichts anfechten.[178] Das Regelwerk kennt ebenso eine rechtliche oder tatsächliche Unmöglichkeit der Amtsausübung.[179] Dabei gibt es jedoch eine Besonderheit in § 19 Abs. 1 S. 2 DIS. Sollten sich die Parteien nicht über die Beendigung des Amtes einigen oder der Schiedsrichter nicht von seinem Amt zurücktreten, so „kann jede Partei bei dem zuständigen Gericht eine Entscheidung über die Beendigung des Amtes beantragen." Trotz der Möglichkeiten, eine solche Frage innerhalb der Schiedsinstitution zu behandeln, haben die Schiedsverfahrensregeln der DIS diese Entscheidung demnach ausdrücklich einem staatlichen Gericht überlassen.[180] Dies entspricht der Regelung nationaler Schiedsgesetze, schließlich beinhaltet Art. 13 Abs. 3 UNCITRAL Modellgesetz eine identische Regelung. Die UNCITRAL Schiedsverfahrensregeln haben diesen Weg hingegen geschlossen und der Ernennenden Stelle eine entsprechende Kompetenz übertragen. Damit ähneln sie den institutionellen Schiedsverfahrensregeln der ICC und des SCC in diesem Punkt wiederum stärker als die „institutionellen" Schiedsverfahrensregeln der DIS.

176 Art. 15 Abs. 1 SCC.
177 Art. 15 Abs. 4 SCC.
178 § 18 Abs. 2 DIS; *Theune* in: Schütze, Institutionelle Schiedsgerichtsbarkeit, S. 184.
179 § 19 Abs. 1 DIS.
180 Vgl. *Theune* in: Schütze, Institutionelle Schiedsgerichtsbarkeit, S. 190.

4. Die Fortführung des Schiedsverfahrens

Wird ein Schiedsrichter wirksam angefochten oder kann er aus anderen Gründen sein Amt nicht länger ausüben, so haben die Parteien trotz allem ein Schiedsverfahren gewählt. Dieses muss in irgendeiner Weise weitergeführt werden. Die UNCITRAL Schiedsverfahrensregeln von 1976 sahen grds. eine Neubesetzung des Schiedsrichteramtes nach den Vorschriften der Ernennung vor.[181] Eine solche Bestimmung findet sich immer noch in Art. 14 Abs. 1 S. 1 der UNCITRAL Schiedsverfahrensregeln. Mit der Novellierung der UNCITRAL Schiedsverfahrensregeln wurde jedoch in Art. 14 Abs. 2 eine Ausnahme zu dieser strikten Regelung eingeführt:

> *"If, at the request of a party, the appointing authority determines that, in view of the exceptional circumstances of the case, it would be justified for a party to be deprived of its right to appoint a substitute arbitrator, the appointing authority may, after giving an opportunity to the parties and the remaining arbitrators to express their views: (a) appoint the substitute arbitrator; or (b) after the closure of the hearing, authorize the other arbitrators to proceed with the arbitration and make any decision or award."*

Damit kann das Recht einer Partei, den Ersatzschiedsrichter zu ernennen, unter Umständen durch die Ernennende Stelle ausgeübt werden (**a.**). Alternativ können die verbliebenen Schiedsrichter das Verfahren als sog. Rumpfschiedsgericht fortführen (**b.**).

a) Die Ersatzbenennung eines Schiedsrichters

Das Regelwerk von ICC und SCC sieht die Neubenennung nach den ursprünglichen Regeln als Grundsatz vor. Allerdings kann der Gerichtshof bzw. der Vorstand den Parteien das Recht, einen Ersatzschiedsrichter zu benennen, verwehren und den Schiedsrichter selbst ernennen, wenn der Vorstand „eine andere Regelung für angemessen erachtet."[182] Die Vorschriften der DIS weichen von dieser Kompetenzübertragung an die Schiedsinstitution einmal mehr ab. Nach dessen § 19 Abs. 2 werden zur Benennung des Ersatzschiedsrichters generell die Vorschriften zur Benennung und Bestellung des Schiedsrichters entsprechend angewendet.

---

181 Art. 11 Abs. 3 UNCITRAL Schiedsverfahrensregeln von 1976.

182 Art. 17 Abs. 1 S. 2 SCC; nach Art. 15 Abs. 4 ICC steht die Entscheidung „im Ermessen des Gerichtshofs".

Die UNCITRAL Schiedsverfahrensregeln sehen in dem bereits zitierten Art. 14 Abs. 2 hingegen das Recht vor, von dem ursprünglichen Verfahren abzuweichen und den Ersatzschiedsrichter durch die Ernennende Stelle benennen zu lassen. Die entsprechende Vorschrift des UNCITRAL Modellgesetz ähnelt wiederum dem Regelwerk der DIS und sieht keine Ausnahme der Grundregel vor.[183] Daher wurde durch die Novellierung eine weitere Kompetenz der Ernennenden Stelle eingefügt, die damit den institutionellen Schiedsverfahrensregeln von ICC und SCC in diesem Punkt stärker ähnelt als das Regelwerk der DIS.

b) Das Rumpfschiedsgericht

Die neu eingeführte Möglichkeit, als Rumpfschiedsgericht fortzufahren, kann als Widerspruch zur Kompetenz-Kompetenz des Schiedsgerichts angesehen werden, da schließlich über die weiterhin bestehende Zuständigkeit des Schiedsgerichts entschieden wird.[184] Allerdings ist die entsprechende Vorschrift der UNCITRAL Schiedsverfahrensregeln nur eine Ausnahmevorschrift, um die gewollte Blockade des Schiedsverfahrens durch die fehlende Mitarbeit einer Partei oder eines Schiedsrichters, auflösen zu können.[185] Vergleichbare Vorschriften finden sich auch in den Regelwerken der Institutionen. In einem ICC Schiedsverfahren entscheidet der Gerichtshof, in einem Schiedsverfahren unter dem Regelwerk des SCC der Vorstand über die Fortsetzung des Verfahrens als Rumpfschiedsgericht.[186] Eine solche Möglichkeit beinhalten die Schiedsverfahrensregeln der DIS und das UNCITRAL Modellgesetz hingegen nicht.[187] Mithin haben die UNCITRAL Schiedsverfahrensregeln eine der DIS unbekannte Eingriffsmöglichkeit der Ernennenden Stelle geschaffen. Damit sind sie auch in diesem Punkt institutioneller als die

183 Art. 15 UNCITRAL Modellgesetz.
184 *Aden*, Internationale Handelsschiedsgerichtsbarkeit, S. 225.
185 *Derains/Schwartz*, A guide to the ICC rules of arbitration, S. 205, Rn. 214 mit einer Darstellung verschiedener Fälle.
186 Art. 15 Abs. 5 ICC, Art. 17 Abs. 2 SCC; *Pavlica* in: Götz Staehelin/Gola/Graf, Institutional Arbitration, Tasks and Powers of different Arbitration Institutions, S. 225 f.; sog. „*truncated tribunal*".
187 Vgl. noch einmal § 19 Abs. 2 DIS und Art. 15 UNCITRAL Modellgesetz mit der Anwendbarkeit des ursprünglichen Verfahrens ohne Ausnahme.

„institutionellen“ Schiedsverfahrensregeln der DIS und versperren den Weg vor ein staatliches Gericht.

II. Die Zuständigkeit des Schiedsgerichts

Nach der Konstituierung des Schiedsgerichts kann sich schnell die Frage der Entscheidungskompetenz des Schiedsgerichts stellen, wenn eine Partei die Zuständigkeit nicht anerkennt. Ein bedeutendes Grundelement der Schiedsgerichtsbarkeit ist die sog. „*Kompetenz-Kompetenz*“ des Schiedsgerichts, das demnach die inhärente Kompetenz besitzt, über seine eigene Kompetenz zu urteilen.[188] Allerdings hat ein staatliches Gericht das letzte Wort und kann die Entscheidung des Schiedsgerichts revidieren.[189] Dies wird in Art. 16 Abs. 1 des UNCITRAL Modellgesetz für die nationalen Schiedsgesetze vorgegeben. Danach kann „das Schiedsgericht [...] über die eigene Zuständigkeit einschließlich aller Einreden bezüglich des Bestehens oder der Gültigkeit der Schiedsvereinbarung entscheiden“. Nach Abs. 3 kann die Zuständigkeit des Schiedsgerichts von „dem in Artikel 6 bezeichneten Gericht“ überprüft werden.

Die UNCITRAL Schiedsverfahrensregeln sind von der Lösung in den nationalen Schiedsgesetzen nicht abgewichen. Art. 23 Abs. 1 S. 1 und 2 des Regelwerkes drückt die Prinzipien der Kompetenz-Kompetenz sowie der „*Separabilität*“, also der Trennung von Schiedsvereinbarung und zugrundeliegendem Vertrag,[190] aus:

> *"The arbitral tribunal shall have the power to rule on its own jurisdiction, including any objections with respect to the existence or validity of the arbitration agreement. For that purpose, an arbitration clause that forms part of a contract shall be treated as an agreement independent of the other terms of the contract."*

Auch Art. 23 Abs. 3 S. 2 der UNCITRAL Schiedsverfahrensregeln erinnert noch einmal an die damit einzig verbliebene Möglichkeit, ein staatliches

---

188 *Blackaby/Partasides* in: Redfern/Hunter, Redfern and Hunter on International Arbitration, para. 5.99.

189 *Blackaby/Partasides* in: Redfern/Hunter, Redfern and Hunter on International Arbitration, para. 5.98.

190 *Blackaby/Partasides* in: Redfern/Hunter, Redfern and Hunter on International Arbitration, para. 2.89; *Binder*, International commercial arbitration and conciliation in UNCITRAL model law jurisdictions, Rn. 4–009 f.

Gericht anzurufen.[191] Diese explizite Erwähnung war im alten Art. 21 der UNCITRAL Schiedsverfahrensregeln von 1976 noch nicht vorhanden, dient jedoch nur der Klarstellung.[192]

Mit der Einbeziehung eines staatlichen Gerichts werden jedoch die eigentlich gewählten Vorteile eines schnelleren, kostengünstigeren und vertraulichen Schiedsverfahrens untergraben. Aus diesem Grund haben die institutionellen Schiedsverfahrensregeln die Kompetenz der Schiedsinstitution geschaffen, die Entscheidung über die Zuständigkeit zu überprüfen. Die Regeln der ICC halten in Art. 6 Abs. 3 fest, dass „die Frage der Zuständigkeit [...] unmittelbar von dem Schiedsgericht entschieden [wird], es sei denn, der Generalsekretär verweist die Angelegenheit zur Entscheidung gemäß Art. 6 Abs. 4 an den Gerichtshof." Art. 9 (i) und Art. 10 (i) SCC übertragen dem Vorstand die Möglichkeit, ein Verfahren nach Austausch der Schriftsätze abzulehnen, wenn das SCC „offenkundig nicht für die Streitigkeit zuständig ist".

Nach den Regeln der DIS wird hingegen bloß die „erforderliche Anzahl von Exemplaren der Klageschrift und die Zahlung nach § 7 (d.h. Kostenvorschuss, *d. Verf*)" geprüft. Den Grundlagen der Schiedsgerichtsbarkeit folgend, kann daher nur das Schiedsgericht über die eigene Zuständigkeit entscheiden. Im Streitfall kann direkt ein ordentliches Gericht angerufen werden. Um ein besseres Bild von dem Standard unter den institutionellen Schiedsverfahrensregeln zu erhalten, lohnt sich ein Blick auf andere international anerkannte Regelwerke. Im 2014 novellierten Regelwerk der LCIA entscheidet das Schiedsgericht über die eigene Zuständigkeit.[193] Auch die Schiedsverfahrensregeln des ICDR aus dem Jahre 2014 stipulieren eine Kompetenz des Schiedsgerichts selber.[194] Das gleiche gilt für die Regeln

---

191 Art. 23 Abs. 3 S. 2: "*The arbitral tribunal may continue the proceedings and make an award, notwithstanding any pending challenge to its jurisdiction before a court.*"

192 A/CN.9/WG.II/WP.151/Add.1, Rn. 5.

193 Art. 23.1: "*The Arbitral Tribunal shall have the power to rule upon its own jurisdiction and authority [...].*" Abrufbar unter: http://www.lcia.org/Dispute_Resolution_Services/lcia-arbitration-rules-2014.aspx.

194 Art. 19.1: "*The arbitral tribunal shall have the power to rule on its own jurisdiction, [...].*" Abrufbar unter: https://www.icdr.org/icdr/faces/i_search/i_rule/i_rule_detail?doc=ADRSTA GE2025301.

der HKIAC und ACICA.[195] Demnach folgt die überwiegende Anzahl der Schiedsinstitutionen der Regelung der DIS und der UNCITRAL und versperren nicht den Weg vor ein staatliches Gericht.

Die begrenzten Möglichkeiten der ICC und SCC, etwaige Klagen abzulehnen, für die ihnen schon auf den ersten Blick die Zuständigkeit fehlt, werden nur in „offensichtlichen" Fällen nach einem *prima facie*-Test wahrgenommen.[196] Durch die Novellierung des ICC Regelwerks 2012 wurde der Regelfall sogar umgekehrt, sodass die eigene Entscheidung des Schiedsgerichts nunmehr den Regelfall darstellen soll.[197] Um die Kompetenz-Kompetenz des Schiedsgerichts nicht zu untergraben, ist diese Zurückhaltung nachvollziehbar. Damit weichen die institutionellen Schiedsverfahrensregeln von ICC und SCC zwar in der Theorie von den Lösungen der nationalen Schiedsgesetze und den UNCITRAL Schiedsverfahrensregeln ab. Der Unterschied ist für die Praxis der Schiedsverfahren jedoch von geringer Bedeutung, da die Entscheidungsträger bei ICC und SCC nur in besonders eindeutigen Fällen eine Zuständigkeit des Schiedsgerichts ablehnen. In diesen Fällen müsste das Schiedsgericht zur selben Entscheidung kommen, sodass sich für das Ergebnis des Schiedsverfahrens dieselbe Rechtsfolge ergibt. Da andere institutionelle Schiedsverfahrensregeln den UNCITRAL Schiedsverfahrensregeln entsprechen, ist diese Kompetenz der Schiedsinstitution demnach nur eine Ausnahmeregelung. Der Gleichklang mit den anderen institutionellen Schiedsverfahrensregeln spricht gegen eine Einordnung als ad hoc Schiedsverfahrensregeln.

III. Der Sitz des Schiedsverfahrens

Nach dem Sitz des Schiedsverfahrens bestimmen sich die anwendbaren Schiedsgesetze. Daher ist die Kompetenz, über den Sitz des Schiedsverfahrens

---

195 Art. 19.1 HKIAC und Art. 24.1 ACICA.

196 *Derains / Schwartz*, A guide to the ICC rules of arbitration, S. 85; SCC, 2. Auflage 1984, S. 92; vgl auch: *Wolf*, Die institutionelle Handelsschiedsgerichtsbarkeit, S. 106 ff.

197 *Voser*, Overview of the Most Important Changes in the Revised ICC Arbitration Rules, ASA Bulletin 2011, S. 783, 789.

zu entscheiden, von großer Bedeutung. Der tatsächliche Ort des Verfahrens ist hingegen irrelevant.[198]

In Schiedsverfahren unter nationalen Schiedsgesetzen können nur staatliche Gerichte oder das Schiedsgericht über den Antrag einer Partei, die eine Entscheidung über den Sitz des Schiedsverfahrens begehrt, entscheiden. Das UNCITRAL Modellgesetz besagt in Art. 20 Abs. 1:

> *"The parties are free to agree on the place of arbitration. Failing such agreement, the place of arbitration shall be determined by the arbitral tribunal having regard to the circumstances of the case, including the convenience of the parties."*

Auch unter den UNCITRAL Schiedsverfahrensregeln wird eine Kompetenz des Schiedsgerichts festgesetzt. Nur in der Wortwahl geringfügig angepasst, besagt der neue Art 18 Abs. 1 dementsprechend:

> *"If the parties have not previously agreed on the place of arbitration, the place of arbitration shall be determined by the arbitral tribunal having regard to the circumstances of the case. The award shall be deemed to have been made at the place of arbitration."*

Unter beiden Regelwerken wird somit das Schiedsgericht mit der Entscheidung befasst. Die Entscheidung kann jedoch direkt von einem staatlichen Gericht überprüft werden. Dieser Weg wird durch die vorhandene Regelung in den UNCITRAL Schiedsverfahrensregeln nicht verhindert.

Anders könnte dies nach den institutionellen Vorschriften aussehen, die den staatlichen Rechtsschutz für die Parteien ausschließen könnten. Die Regeln der ICC und SCC übertragen eine solche Entscheidung der Schiedsinstitution im Hintergrund. Art. 18 ICC lautet: „Der Gerichtshof bestimmt den Ort des Schiedsverfahrens, falls die Parteien darüber keine Vereinbarung getroffen haben“. Art. 20 Abs. 1 SCC besagt: „Soweit die Parteien nichts anderes vereinbart haben, wird der Ort des Schiedsverfahrens vom Vorstand bestimmt.“ Auch hier belässt die DIS in § 21 Abs. 1 dem Schiedsgericht diese Entscheidung: „Haben die Parteien den Ort des schiedsrichterlichen Verfahrens nicht vereinbart, so wird er vom Schiedsgericht bestimmt.“

Diese diametralen Lösungen sind vor allem der Ausnahmeregelung in den DIS Regeln geschuldet. Art. 16 Abs. 2 LCIA sieht eine Auffangregel zugunsten Londons sowie die Entscheidungskompetenz des Institutionsgerichts vor.

198 S.o. B II, Die anwendbaren Schiedsgesetze und Schiedsverfahrensregeln.

Art. 13 ICDR trifft eine sehr differenzierte Lösung und lässt den Administrator den Sitz des Schiedsverfahrens vorläufig bestimmen, bevor der Sitz dann vom Schiedsgericht innerhalb von 45 Tagen nach der Konstituierung endgültig festzulegen ist. Auch wenn die Vorschrift des AAA die Kompetenzen des Schiedsgerichts wahrt, so besitzt zunächst doch eine außenstehende Fazilität die Entscheidungsbefugnis. Daher übertragen institutionelle Schiedsverfahrensregeln die Entscheidung über den Sitz des Schiedsverfahrens grundsätzlich den Schiedsinstitutionen. Mithin ähneln die UNCITRAL Schiedsverfahrensregeln der Regelung in den nationalen Schiedsgesetzen und weichen von institutionellen Schiedsverfahrensregeln ab.

Die von UNCITRAL veröffentlichten Dokumente zu den Novellierungsarbeiten in der Arbeitsgruppe II, Schiedsgerichtsbarkeit und Mediation, geben keinen Aufschluss darüber, ob eine Änderung dieses Ansatzes in Betracht gezogen wurde. Stattdessen sind verschiedene Formulierungsvorschläge zur Änderung der Bezeichnung „Place of Arbitration“ in „Seat of Arbitration“ oder „Judicial Seat of Arbitration“ dokumentiert. Der genaue Wortlaut des neuen Art. 18 Abs. 1 der UNCITRAL Schiedsverfahrensregeln wurde bereits im September 2008 fast zwei Jahre vor der Fertigstellung des gesamten Regelwerkes beschlossen.[199] Dies lässt darauf schließen, dass eine Kompetenzverschiebung zugunsten der Ernennenden Stelle bei der Entscheidung über den Sitz des Schiedsverfahrens nicht näher behandelt wurde.

Mit einer solchen Änderung hätte man einer privaten Einrichtung die Möglichkeit eröffnet, die Anwendung eines bestimmten nationalen Schiedsgesetzes durch die Bestimmung des Sitzes des Schiedsverfahrens zu veranlassen. Unter den UNCITRAL Schiedsverfahrensregeln ist nicht immer eine erfahrene Schiedsinstitution im Hintergrund tätig, die für die Sicherheit einer angemessenen Entscheidung einstehen kann. Vielmehr könnten im Einzelfall auch unerfahrene Einrichtungen als Ernennende Stelle auftreten. Die Anwendung der zutreffenden nationalen Schiedsgesetze ist bedeutend für die Rechtmäßigkeit des Verfahrens, da sie den äußeren Rahmen und die Anwendbarkeit zwingender Vorschriften für das Schiedsverfahren vorgeben. Aufgrund dieses Umstandes hat UNCITRAL keine Änderung des Standards unter den nationalen Schiedsgesetzen veranlasst, sondern betraut die staatlichen Gerichte

199 A/CN.9/665, Rn. 136., siehe die Änderungsvorschläge in A/CN.9/614, Rn. 88 und A/CN.9/619, Rn. 139.

mit einer solchen Entscheidung. Die institutionellen Schiedsverfahrensregeln blockieren hingegen den Weg vor ein staatliches Gericht.

Mit dem unter UNCITRAL Schiedsverfahrensregeln möglichen Gang vor ein staatliches Gericht werden jedoch die Vorteile des Schiedsverfahrens konterkariert und das Verfahren unter Umständen erheblich verzögert. Außerdem kann die Bestimmung des Sitzes durch das Schiedsgericht für die Parteien zu spät sein – sie müssen ihre Prozessstrategie und die Auswahl der Schiedsrichter ohne das Wissen über den endgültigen Sitz des Schiedsverfahrens festlegen.[200] Doch trotz dieser Nachteile wurde der Ansatz der UNCITRAL Schiedsverfahrensregeln von 1976 nicht verändert. Damit ähnelt das Regelwerk zwar den DIS Regeln und dem UNCITRAL Modellgesetz, institutionelle Schiedsverfahrensregeln nutzen aber generell die Vorteile des zugehörigen Entscheidungsorgans, um im Zweifelsfall über den Sitz des Schiedsverfahrens effektiv entscheiden zu können. Die Wichtigkeit der Bestimmung wird ebenso deutlich, wenn man beachtet, dass auch die Parteien von der dritten Empfehlung der Modellklausel der UNCITRAL dazu geleitet werden, den Sitz des Schiedsverfahrens bereits in die Schiedsklausel zu inkorporieren. Daher bleibt festzuhalten, dass sich die Parteien für gewöhnlich über den Sitz des Schiedsverfahrens einigen[201] und sich der grundsätzliche Unterschied zwischen UNCITRAL Schiedsverfahrensregeln und institutionellen Schiedsverfahrensregeln in der Praxis relativiert.

IV. Die Verbindung mehrerer Verfahren

Im Rahmen der Globalisierung gibt es neben den Fragen bzgl. des Sitzes des Schiedsverfahrens durch die zunehmende Verflechtung internationaler Unternehmen und ihrer Wirtschaftsbeziehungen immer häufiger Verfahren mit mehreren Parteien, für welche Schiedsverfahren aufgrund ihrer Eigenschaften besonders geeignet sind.[202] Unter dem Regelwerk der ICC findet

200 *Sabater*, When Arbitration Begins Without a Seat, J. of Int'l Arbitration 2010, S. 443, 453 f.

201 Vgl. *Sabater*, When Arbitration Begins Without a Seat, J. of Int'l Arbitration 2010, S. 443, 444.

202 *Berger*, Schiedsrichterbestellung in Mehrparteienschiedsverfahren, RIW 1993, S. 702, 703.

ungefähr ein Drittel der Verfahren mit mehr als zwei Parteien statt,[203] nach Angaben der LCIA sogar die Hälfte der Verfahren.[204] Lässt man ein Verfahren mit mehreren Parteien zu, können gegensätzliche Entscheidungen in parallelen Verfahren vermieden und die Effizienz und Prozessökonomie gestärkt werden.[205] Schiedsverfahren beruhen jedoch nach ihrer Grundkonzeption auf einer vertraglichen Schiedsvereinbarung zwischen den Parteien. Das UNCITRAL Modellgesetz und die nationalen Schiedsgesetze beinhalten daher keine Vorschriften bzgl. eines Mehrparteienschiedsverfahrens, schließen dieses jedoch auch nicht aus. Damit überlassen sie den privaten Schiedsverfahrensregeln die Regelung, inwieweit der wirtschaftlichen Notwendigkeit eines Mehrparteienschiedsverfahrens stattgegeben wird. Gleichsam können sich die Parteien auf das Regelwerk einigen, das die für den Einzelfall angemessene Lösung bereithält.

Die UNCITRAL Schiedsverfahrensregeln von 1976 beinhalteten keine Vorschrift zur Zulässigkeit von Mehrparteienschiedsverfahren. Bei der Novellierung der UNCITRAL Schiedsverfahrensregeln wurden daher zunächst die Formulierungen dahingehend angepasst, ein Verfahren mit mehreren Parteien zu ermöglichen.[206] Darüber hinaus wurde die Möglichkeit der Klageverbindung in Art. 17 Abs. 5 der UNCITRAL Schiedsverfahrensregeln inkorporiert. Im Laufe des Erarbeitungsprozesses wurden zwei verschiedene Möglichkeiten der Klageverbindung diskutiert. Sie ähneln der objektiven („Consolidation: The union of two or more actions“[207]) und subjektiven Klagehäufung („Joinder: The union with another person“[208]) des deutschen Rechts. Bei der Novellierung hat man letztendlich jedoch nur die Möglichkeit der subjektiven Klagehäufung („Joinder“) inkorporiert. Dabei orientierte man sich offiziell

---

203 *Schlabrendorf*, Parallele Verfahren, Aufnahme von Dritten, Verbindung von Verfahren: Erfahrungen aus der Praxis der ICC, in: DIS Band 16, S. 55.

204 *Platte*, When should an Arbitrator Join Cases?, Arb. Int'l 2002, S. 67.

205 *Lachmann*, Handbuch für die Schiedsgerichtspraxis, Rn. 2805. In den USA wird daher eine Klageverbindung sogar generell zugelassen, *Schaeffer*, Compulsory Consolidation of Commercial Arbitration Disputes, St. Louis U.L.J. 1989, S. 495, 502; *Nöcker*, Mehrparteienschiedsverfahren – Quo Vadis?, in: FS Sandrock, 1995, S. 193, 195.

206 S. nur Art. 3.1 der UNCITRAL Schiedsverfahrensregeln: "*The party or parties […].*"

207 *Black*, Black's Law Dictionary, S. 327.

208 *Black*, Black's Law Dictionary, S. 853.

an (dem schon eher restriktiven[209]) Art. 22 Abs. 1 (viii) LCIA.[210] Trotzdem hat man diesen zusätzlich um die entscheidende Ausnahme erweitert. Danach müssen sich dritte Parteien auf dieselbe Schiedsvereinbarung berufen können.

Art. 17 Abs. 5 der UNCITRAL Schiedsverfahrensregeln besagt dementsprechend:

> *"The arbitral tribunal may, at the request of any party, allow one or more third persons to be joined in the arbitration as a party provided such person is a party to the arbitration agreement, unless the arbitral tribunal finds, after giving all parties, including the person or persons to be joined, the opportunity to be heard, that joinder should not be permitted because of prejudice to any of those parties."*

Die institutionellen Schiedsverfahrensregeln können die Entscheidung über eine mögliche Klageverbindung hingegen auf das zugehörige Entscheidungsorgan der Institution übertragen. Durch die Novellierung 2012 wurde das Regelwerk der ICC insbesondere im Bereich der Mehrparteienschiedsverfahren weiterentwickelt. Mittlerweile lässt dieses generell sowohl die subjektive Klagehäufung (Art. 7, 8 und 9) als auch die objektive Klagehäufung (Art. 10) zu.[211] Nach Art. 7 Abs. 1 ICC kann eine Partei einen „Antrag auf Einbeziehung" einer dritten Partei stellen. Nach der Konstituierung des Schiedsgerichts bedarf es jedoch auch der Zustimmung der anderen Partei. Durch den Verweis auf Art. 6 Abs. 3 ICC wird die Entscheidungsbefugnis für die subjektive Klageverbindung dem Schiedsgericht zugesprochen. Gem. Art. 10 ICC „kann der Gerichtshof zwei oder mehrere der Schiedsgerichtsordnung unterliegende Schiedsverfahren in einem Schiedsverfahren verbinden." Der Gerichtshof soll alle Umstände berücksichtigen, kann aber insbesondere bei einer Vereinbarung der Parteien eingreifen.[212]

Die SCC Regeln sind zurückhaltender und beinhalten in Art. 9 (i) und Art. 11 nur die Möglichkeit einer objektiven Klagehäufung, durch die neue Ansprüche aus einem Rechtsverhältnis zwischen denselben Parteien zusammengelegt werden können. Diese Entscheidung wird vom Vorstand

---

209 *Blessing*, Die LCIA Rules – aus der Sicht des Praktikers, SchiedsVZ 2003, S. 198, 203.

210 A/CN.9/WG.II/WP.145/Add.1, Rn. 6.

211 *Voser*, Overview of the Most Important Changes in the Revised ICC Arbitration Rules, ASA Bulletin 2011, S. 783, 792 ff.

212 *Pair / Frankenstein*, The new ICC Rule on Consolidation: Progress or change?, Emory International Law Review, S. 1061 ff.

getroffen, allerdings nur nach Beratung mit den Parteien und dem Schiedsgericht. Ein Verfahren mit mehreren Parteien – also die subjektive Klagehäufung – ist hingegen nicht vorgesehen.

Die Regeln der DIS zur Zulässigkeit eines Mehrpersonenschiedsverfahrens beschränken sich ganz auf § 13.3 DIS, wonach das Schiedsgericht „über die Zulässigkeit des Mehrparteienverfahrens entscheidet [...].“ Auch die Vorschrift in Art. 22 Abs. 1 (viii) LCIA schreibt dem Schiedsgericht selber die Entscheidungsbefugnis zu. Die Regeln der ICDR machen einen „Joinder“ hingegen möglich (Art. 7 ICDR), eine „Consolidation“ ist von einem eigenen „consolidation arbitrator“ zu entscheiden (Art. 8 ICDR).

Damit ist auch hier das Regelwerk der DIS – sowie das des LCIA – den UNCITRAL Schiedsverfahrensregeln am ähnlichsten. Beide lassen die subjektive Klagehäufung zu, auch wenn die Möglichkeit in den UNCITRAL Schiedsverfahrensregeln durch das Konsensprinzip (*„party to the arbitration agreement“*) noch weiter begrenzt wird. Die Entscheidung darüber wird jeweils vom Schiedsgericht selber getroffen. Die SCC Regeln lassen hingegen nur eine objektive Klagehäufung zu und übertragen diese Entscheidung dem Vorstand. Das Regelwerk der ICC besitzt mehrere Vorschriften zur Klagehäufung und lässt verschiedene Formen zu, über die in einigen Situationen die Institution und in anderen das Schiedsgericht urteilt.

Es gab auch bei der Novellierung der UNCITRAL Schiedsverfahrensregeln Vorschläge, sich an noch weitergehenden institutionellen Schiedsverfahrensregeln zu orientieren und die Entscheidung womöglich der Ernennenden Stelle zu übertragen. Diese Vorschläge wurden jedoch letztendlich abgelehnt.[213] Stattdessen wurde eine restriktive Regelung inkorporiert, die dem Konsensprinzip weitgehend Rechnung trägt. Allerdings wurde die Möglichkeit einer subjektiven Klagehäufung eröffnet. Alleine mit dem Vorhandensein einer solchen Vorschrift haben sich die UNCITRAL Schiedsverfahrensregeln von den nationalen Schiedsgesetzen abgewandt und den institutionellen Schiedsverfahrensregeln angenähert. Allerdings wird der direkte Gang vor ein staatliches Gericht mangels einer Kompetenzzuschreibung zur Ernennenden Stelle nicht gehindert. Dies entspricht der Lösung der Schiedsverfahrensregeln der DIS und des LCIA. Andere institutionelle Schiedsverfahrensregeln übertragen

213 A/CN.9/614, Rn. 79; *Wirth*, The Current Revision of the UNCITRAL Arbitration Rules, S. 1, 10.

diese Entscheidung hingegen auf die Schiedsinstitution. Zu letzteren bleibt ein Unterschied somit bestehen, allerdings gibt dieser aufgrund der divergierenden Vorschriften innerhalb der institutionellen Schiedsverfahrensregeln keine Einordnung der UNCITRAL Schiedsverfahrensregeln als ad hoc oder institutionelles Regelwerk vor.

V. Das anwendbare Recht

Die UNCITRAL Schiedsverfahrensregeln wurden bezüglich der Bestimmung des anwendbaren Rechts ebenso novelliert. Es bleibt den Parteien überlassen, nationales Recht eines Staates, internationales Recht wie das UN-Kaufrecht oder sogar *lex mercatoria* bzw. eine Entscheidung als *amiable compositeur* zu wählen.[214] Sofern sich die Parteien nicht einigen, sollte gem. Art. 33 Abs. 1 der UNCITRAL Schiedsverfahrensregeln von 1976 „das Recht anzuwenden [sein], das von den Kollisionsnormen, die es im betreffenden Fall für anwendbar erachtet, bezeichnet wird". Nunmehr stipuliert Art. 35 Abs. 1 der UNCITRAL Schiedsverfahrensregeln, dass das Schiedsgericht dasjenige Recht anwenden soll, das es für angebracht hält.[215]

Statt der indirekten Wahl der anwendbaren kollisionsrechtlichen Vorschriften, die daraufhin das anwendbare Recht bestimmen würden, wird das anwendbare Recht nunmehr mit einem direktem Verweis bestimmt. Dies ist der Standard, der ansonsten von den institutionellen Schiedsverfahrensregeln gewählt wird.[216] Der Standard in den nationalen Schiedsgesetzen wird hingegen vom UNCITRAL Modellgesetz vorgegeben, das in Art. 28 Abs. 2 einen indirekten Verweis auf das anwendbare Recht gleichlautend mit der alten Vorschrift der UNCITRAL Schiedsverfahrensregeln beinhaltet.[217] Von

---

214 *Blackaby/Partasides* in: Redfern/Hunter, Redfern and Hunter on International Arbitration, para. 3.104 ff.

215 Art. 35 Abs. 1 der UNCITRAL Schiedsverfahrensregeln: „[...], *the arbitral tribunal shall apply the law which it determines to be appropriate*". Vorher besagte Art. 33 Abs. 1 in der englischen Version: *„[...], the arbitral tribunal shall apply the law determined by the conflict of laws rules which it considers applicable"*.

216 Art. 21 Abs. 1 ICC, Art. 22 Abs. 1 SCC, § 23 Abs. 1 DIS, Art. 22 Abs. 3 LCIA oder Art. 28 Abs. 1 ICDR.

217 Einige Staaten sind diesem Vorbild jedoch nicht gefolgt, so z.B. § 1051 Absatz 1 S. 2 und Absatz 2 ZPO und Art. 1496 des französischen CPC.

diesem hat sich UNCITRAL mit der Novellierung abgewandt und an die institutionellen Schiedsverfahrensregeln angepasst.

Eine andere Besonderheit hat das Regelwerk hingegen beibehalten: Während die Parteien selber nach Art. 28 Abs. 1 durch die Novellierung eine größere Flexibilität erlangt haben und nun „rules of law" – und damit auch private Regelwerke – wählen können[218], kann das Schiedsgericht nach Abs. 2 weiterhin nur staatliche Gesetze – „law" – zur Anwendung bestimmen. Die vorgebrachten Argumente für eine Öffnung des Anwendungsbereichs wurden mit dem Hinweis auf eine größere Vorhersehbarkeit und Sicherheit für die Parteien und der bestehenden Eingrenzung in dem UNCITRAL Modellgesetz auf nationale Gesetze abgelehnt.[219] Die erwähnten Vorschriften der Schiedsinstitutionen haben hingegen auch die Wahl solch privater Regelwerke eröffnet.

Mit der Novellierung haben sich die UNCITRAL Schiedsverfahrensregeln daher den institutionellen Schiedsverfahrensregeln in Bezug auf den Weg zur Bestimmung des anwendbaren Rechts angepasst und gleichzeitig von den Lösungen der nationalen Schiedsgesetze abgewandt. Auf der anderen Seite bleiben jedoch – zumindest vom Schiedsgericht selber – nur staatliche Gesetze wählbar. Trotzdem wurde das Regelwerk in dieser Frage durch die Novellierung deutlich institutionalisiert.

VI. Die Administration des Verfahrens

In institutionellen Schiedsverfahren können die Parteien und das Schiedsgericht auch auf die administrative Hilfe eines organisierten Schiedsapparats zurückgreifen. Dies ist eine der wesentlichen Aufgaben der Institution.[220] Darunter fällt die organisatorische Hilfe zur reibungslosen Durchführung des Schiedsverfahrens (**1.**) sowie die rechtlich relevante Organisation und Weiterleitung der Schriftsätze unter Einhaltung der Fristen (**2.**).

---

218 Dazu zählen Instrumente wie z.B.: „*CISG, UNIDROIT, texts adopted by the International Chamber of Commerce, such as the Incoterms and the Uniform Customs and Practices for Documentary Credit or lex mercatoria*"; A/CN.9/641, Rn. 110; s. auch *Moss*, Revision of the UNCITRAL Arbitration Rules: Further Steps, Int'l Arb. Law Review 2010, S. 96.

219 A/CN.9/641, Rn. 109.

220 *Schlosser*, Das Recht der internationalen privaten Schiedsgerichtsbarkeit, Rn. 179.

1. Die organisatorischen Aufgaben

Es gibt keine Vorschriften in den institutionellen Schiedsverfahrensregeln, die die Übernahme der organisatorischen Aufgaben regeln. Diese werden von den Schiedsinstitutionen in der Praxis jedoch wie selbstverständlich angeboten. Dazu kann man z.B. die Bereitstellung von Räumen, die Einrichtung notwendiger Bankkonten, die Erklärung der zugrundeliegenden Regeln oder den Hinweis auf Erfahrungen in vergleichbaren Schiedsverfahren zählen. Meist gibt es einzelne Mitarbeiter innerhalb der Institution, die speziell mit einem Verfahren betraut sind. Darüber hinaus wird häufig auch noch ein zusätzlicher Sekretär des Schiedsgerichts bestellt, der die Arbeitsbelastung der Schiedsrichter im organisatorischen Bereich minimieren soll.[221]

Die UNCITRAL Schiedsverfahrensregeln beinhalten keinen direkten Anschluss an eine Schiedsinstitution. Allerdings kann die Ernennende Stelle die entsprechenden Aufgaben ebenfalls wahrnehmen. Auch der PCA administriert eine Reihe von Schiedsverfahren unter UNCITRAL Schiedsverfahrensregeln und bietet sogar Räume für Schiedsverfahren kostenfrei an.[222] Darüber hinaus kann ein Sekretär des Schiedsgerichts berufen werden. Der von UNCITRAL herausgegebene Leitfaden zur Organisation eines Schiedsverfahrens rät zur Einbeziehung einer organisatorischen Hilfe.[223] Dies wird in der Praxis häufig befolgt.[224]

Übernimmt die Ernennende Stelle, der PCA oder ein zusätzlicher Sekretär die organisatorischen Aufgaben, die ansonsten von der Institution ausgeführt werden, sind die Unterschiede zwischen institutionellen Schiedsverfahren und Schiedsverfahren unter UNCITRAL Schiedsverfahrensregeln in der Praxis marginal. Sollte das Schiedsgericht hingegen keine Hilfe beanspruchen, so muss es selbst das gesamte Verfahren organisieren. In diesem Fall würde die Arbeitsbelastung mit einem reinen ad hoc Verfahren vergleichbar sein, in dem

221 Vgl. *Partasides*, The Fourth Arbitrator? The Role of Secretaries to Tribunals in International Arbitration, Arb. Int'l 2002, S. 147 ff.

222 http://www.pca-cpa.org/showpage.asp?pag_id=1048; *Blackaby / Partasides* in: Redfern / Hunter, Redfern and Hunter on International Arbitration, para. 4.96; Die Modellklausel für ein solches Verfahren ist abrufbar unter: http://www.pca-cpa.org/showpage.asp?pag_id=1190.

223 UNCITRAL Notes on Organizing Arbitral Proceedings, Nr. 4.

224 S. noch einmal: *Partasides*, The Fourth Arbitrator? The Role of Secretaries to Tribunals in International Arbitration, Arb. Int'l 2002, S. 147 ff.

keine außenstehende Fazilität organisatorische Aufgaben übernimmt. Auch wenn die Ausmaße der zusätzlichen Arbeitsbelastung je nach Einzelfall divergieren, würde daraus in einigen Fällen ein bedeutender Unterschied zwischen institutionellen Schiedsverfahren und Verfahren unter UNCITRAL Schiedsverfahrensregeln erwachsen. Letztere würden in diesem Falle den ad hoc Schiedsverfahren ähneln. Mit den zahlreichen Anregungen der UNCITRAL im Blick kann das Schiedsgericht jedoch selber eine deutliche Annäherung an institutionelle Schiedsverfahren bewirken.

2. Die Kommunikation der Schriftstücke

Die Kommunikation der Schriftstücke unter den Parteien und mit dem Schiedsgericht bzw. mit der Institution wird in vier Abschnitte aufgeteilt, die Vorschriften zum Beginn des Verfahrens (**a.**), die Vorschriften zur Bestellung der Schiedsrichter (**b.**), die Vorschriften während des Verfahrens (**c.**) und die Vorschriften zum Abschluss des Verfahrens (**d.**).

a) Der Beginn des Schiedsverfahrens

Zu Beginn des Schiedsverfahrens übernimmt die ICC die Weiterleitung der Schiedsklage und von deren Antwort durch den Beklagten und überprüft sie auf ihre Vollständigkeit.[225] Auch ein Verfahren unter der Administration des SCC wird durch eine Schiedsklage bei der Institution begonnen. Sollten in dieser oder auch in der Stellungnahme des Beklagten Ausführungen fehlen, kann das SCC solche nachfordern.[226] Das schiedsrichterliche Verfahren unter den Schiedsverfahrensregeln der DIS stellt dieselben Pflichten auf.[227]

In einem Verfahren unter UNCITRAL Schiedsverfahrensregeln werden die Schriftsätze hingegen nicht an eine außenstehende Stelle geschickt. Stattdessen beginnt das schiedsrichterliche Verfahren mit der direkten Zustellung der Klage beim Beklagten. Daher sprechen sowohl die Schiedsklage als auch die – durch die Novellierung 2010 mit großer Zustimmung neu eingeführte[228] – Antwort auf die Schiedsklage in den Absätzen 1 von Art. 3 und 4 von einer

225 Art. 4 Abs. 5 und Art. 5 Abs. 4 ICC.

226 Art. 2, 4 und 6 SCC.

227 § 6 und 8 DIS.

228 A/CN.9/614, Rn. 57.

Kommunikation zur anderen Partei bzw. zum Kläger.[229] Erst nachdem das Schiedsgericht eingesetzt wurde, können die Schriftsätze den Schiedsrichtern zugeleitet werden.

Damit nutzen die institutionellen Schiedsverfahrensregeln die Vorteile ihrer Institution. Die UNCITRAL Schiedsverfahrensregeln entsprechen stattdessen der Lösung der nationalen Schiedsgesetze. Gem. Art. 21 des UNCITRAL Modellgesetz „beginnt das schiedsrichterliche Verfahren über eine bestimmte Streitigkeit mit dem Tag, an dem der Beklagte den Antrag, diesen Streit einem Schiedsgericht vorzulegen, erhalten hat".

Die divergierenden Lösungen von UNCITRAL und den institutionellen Schiedsverfahrensregeln sind Folge der Tatsache, dass UNCITRAL zu Beginn oder sogar im gesamten Verlauf des Verfahrens keine Ernennende Stelle zwingend inkorporiert. Ohne eine solche wüssten die Parteien nicht, wohin ein Schriftsatz zu schicken ist. Stattdessen wird dieser direkt an die andere Partei geschickt. Damit fehlt hier eine bedeutende Kompetenz der Ernennenden Stelle. Diese ist nicht von Beginn an „Herrin des Verfahrens". Die Zustellung an die andere Partei ist jedoch insbesondere für den Ablauf von Fristen von Bedeutung. Daher ergibt die Zustellung an die Schiedsinstitution eine größere Sicherheit für den Schiedskläger, da diese u.U. einfacher zu kontaktieren ist und eine Zustellung bestätigen kann. Mithin lassen die UNCITRAL Schiedsverfahrensregeln einen großen Vorteil der institutionellen Schiedsverfahrensregeln vermissen und übernehmen die Schwächen der nationalen Schiedsgesetze hinsichtlich der Sicherheit der Regelung. In diesem Punkt entscheiden sich die UNCITRAL Schiedsverfahrensregeln insofern für die Flexibilität eines ad hoc Schiedsverfahrens.

b) Die Bestellung der Schiedsrichter

Gem. Art. 11 Abs. 2 ICC müssen die Schiedsrichter eine „Erklärung über die Annahme des Amtes, Verfügbarkeit, Unparteilichkeit und Unabhängigkeit unterzeichnen" und diese zunächst dem Sekretariat des ICC mitteilen, der diese weiterleitet. Daher sind Anträge auf Ablehnung eines Schiedsrichters

229 Art. 3 Abs. 1 UNCITRAL Schiedsverfahrensregeln: „*communicate to the other party*"; Art. 4 Abs. 1 UNCITRAL Schiedsverfahrensregeln: "*communicate to the claimant*".

auch dort einzureichen.[230] Auch nach den Vorschriften des SCC müssen die Schiedsrichter – allerdings nachdem sie bestellt wurden – eine offizielle Unparteilichkeits- und Unabhängigkeitserklärung an die Geschäftsstelle senden. Eine Ablehnung des Schiedsrichters muss dann gegenüber der Geschäftsstelle vorgenommen werden.[231] Bei der Konstituierung des Schiedsgerichts unter dem Regelwerk der DIS erhält die DIS-Geschäftsstelle alle Stellungnahmen der Schiedsrichter bezüglich der Unparteilichkeit. Diese unterrichtet die Parteien. Ablehnungen sind an die DIS-Geschäftsstelle zu richten.[232]

Im Ernennungsverfahren der Schiedsrichter unter UNCITRAL Schiedsverfahrensregeln wird hingegen zunächst keine außenstehende Einrichtung involviert. Stattdessen müssen die Schiedsrichter ihre Unabhängigkeit gegenüber den Parteien offenlegen. Der Antrag auf Ablehnung eines Schiedsrichters muss allen Beteiligten zugehen.[233] Erst bei der Prüfung des Antrags wird die Ernennende Stelle miteinbezogen. Diese kann von einer Partei mit der Entscheidung betraut werden,[234] was wiederum den Wertungen der nationalen Schiedsgesetze entspricht. Allerdings räumt Art. 13 Abs. 3 UNCITRAL Modellgesetz statt der Ernennenden Stelle den gem. Art. 6 berufenen staatlichen Gerichten die Kompetenz zur Prüfung des Antrags zu. Daher versperren die UNCITRAL Schiedsverfahrensregeln zumindest in diesem Aspekt, genauso wie die institutionellen Schiedsverfahrensregeln, den direkten Gang vor ein staatliches Gericht. Die Ernennende Stelle wird jedoch nicht unmittelbar einbezogen. Insofern sind die UNCITRAL Schiedsverfahrensregeln in diesem Punkt teilweise institutionalisiert.

c) Die Kommunikation während des Verfahrens

Nach den Schiedsverfahrensregeln der ICC müssen die Parteien alle Schriftsätze und schriftlichen Mitteilungen in so vielen Exemplaren einreichen, „dass jede Partei, jeder Schiedsrichter und das Sekretariat je ein Exemplar erhalten." Zusätzlich erhält das Sekretariat „Kopien aller schriftlichen Zustellungen

230 Art. 14 ICC.
231 Art. 14 Abs. 2 und 15 SCC.
232 § 16 und 18 Abs. 2 DIS.
233 Art. 11 und 13 Abs. 2 UNCITRAL Schiedsverfahrensregeln.
234 Art. 13 Abs. 4 UNCITRAL Schiedsverfahrensregeln.

und Mitteilungen des Schiedsgerichts an die Parteien."[235] Allerdings wird dies in der Praxis dahingehend ausgelegt, dass sich die Parteien die für das Verfahren erheblichen Schriftstücke zunächst direkt zusenden. Im Nachhinein wird eine Kopie des Schriftstücks auch dem Sekretariat zugesendet.[236] Zusätzlich muss auch der Verfahrenskalender ausdrücklich dem Schiedsgerichtshof übermittelt werden.[237] Auch unter dem Regelwerk des SCC muss der vorläufige Zeitplan der Geschäftsstelle zur Verfügung gestellt werden.[238] Ansonsten gibt es jedoch keine Verpflichtung, die Schiedsinstitution während des Verfahrens mit einzubeziehen.[239] Insofern erhält die Institution keine Exemplare der Schriftsätze von Kläger, Beklagtem und dem Schiedsgericht, sondern überlasst den Parteien die Kommunikation der Schriftstücke. Ebenso verhält es sich mit einem Schiedsverfahren unter dem Regelwerk der DIS.[240] Dort wird die Schiedsinstitution während des Verfahrens nicht in die zusätzliche Korrespondenz eingebunden, stattdessen müssen „alle Schriftstücke und Informationen, die dem Schiedsgericht zugeleitet werden, [...] gleichzeitig auch der anderen Partei" übermittelt werden.[241] Die DIS-Geschäftsstelle wird mithin nicht erwähnt.

Auch unter den UNCITRAL Schiedsverfahrensregeln wird die Kommunikation der Schriftstücke während des Schiedsverfahrens den Parteien überlassen. Dabei wird keine außenstehende Stelle einbezogen. Dies entspricht den nationalen Schiedsgesetzen, aber auch den Vorschriften von DIS und SCC. Die ICC besitzt in dieser Hinsicht außergewöhnliche Vorschriften, um die Qualität des Verfahrens zu sichern. Ein grundlegender Unterschied der UNCITRAL Schiedsverfahrensregeln zu den institutionellen Schiedsverfahrensregeln ist nicht auszumachen.

235 Art. 3 Abs. 1 ICC.
236 *Derains / Schwartz*, A guide to the ICC rules of arbitration, S. 33.
237 Art. 24 Abs. 2 ICC.
238 Art. 23 SCC.
239 Vgl. Art. 8 Abs. 1 SCC.
240 *Schütze*, Deutsche Institution für Schiedsgerichtsbarkeit e.V. (DIS), Praxisbezogene Anmerkungen, SchiedsVZ 2003, S. 179, 180.
241 § 5 Abs. 1 S. 3 DIS.

d) Der Abschluss des Schiedsverfahrens

Der Schiedsspruch wird zwar von dem Schiedsgericht eines Verfahrens unter ICC Schiedsverfahrensregeln erlassen, die Parteien erhalten jedoch bloß ein von den Schiedsrichtern unterzeichnetes Exemplar, das von dem Sekretariat zugestellt wird. Eine Ausfertigung wird beim Sekretariat hinterlegt, sodass der Generalsekretär in der Lage ist, zusätzliche Abschriften zu beglaubigen.[242] Ein Antrag auf Berichtigung ist dem Sekretariat zuzusenden, der dieses an das Schiedsgericht weiterleitet.[243] Nach den Vorschriften des SCC wird der Schiedsspruch vom Schiedsgericht selber ausgestellt.[244] Der Antrag auf Berichtigung muss auch beim Schiedsgericht selber eingehen.[245] Ebenso verhält es sich mit den Schiedssprüchen, die unter den Schiedsverfahrensregeln der DIS erlassen wurden.[246]

Auch hier gleichen die Vorschriften von DIS und SCC der Regelung der UNCITRAL Schiedsverfahrensregeln und des UNCITRAL Modellgesetzes. Danach wird der Schiedsspruch vom Schiedsgericht direkt an die Parteien gesendet und Berichtigungen sind an das Schiedsgericht zu richten.[247] Damit besitzen die Schiedsverfahrensregeln der ICC auch hier besondere Vorschriften, die nicht den Standard institutioneller Schiedsverfahrensregeln darstellen. Die Unterschiede zu den UNCITRAL Schiedsverfahrensregeln sind daher von geringer Bedeutung. Eine Einordnung der UNCITRAL Schiedsverfahrensregeln als institutionelle Schiedsverfahrensregeln wäre danach mit Blick auf die Administration des Verfahrens nicht ausgeschlossen.

VII. Die Kosten des Verfahrens

Auch bei einem Blick auf die Entscheidungskompetenz bzgl. der Kosten des Verfahrens könnte der Charakter der UNCITRAL Schiedsverfahrensregeln

---

242 Art. 34 ICC.
243 Art. 35 Abs. 2 ICC.
244 Art. 36 Abs. 4 SCC.
245 Art. 41 Abs. 1 SCC.
246 §§ 36 und 37 DIS.
247 Art. 34 Abs. 6 und Art. 38 Abs. 1 UNCITRAL Schiedsverfahrensregeln; Art. 31 Abs. 4 und Art. 33 Abs. 1 UNCITRAL Modellgesetz.

deutlich werden.[248] Zunächst sind die Verwaltungsgebühren der Schiedsinstitutionen zu entrichten (**1.**).[249] Darüber hinaus sind jedoch auch die Honorare an die Schiedsrichter[250] und sonstige Verfahrenskosten zu zahlen. Dabei ist der von den Parteien zu erbringende Kostenvorschuss zu beachten (**2.**). Dieser ist mit den endgültig festgesetzten Verfahrenskosten zu verrechnen (**3.**).

1. Die Verwaltungsgebühren

Die ICC-Verwaltungsgebühr beträgt gem. Anhang III Art. 1 ICC mindestens 3.000 US-Dollar. Bei Streitwerten zwischen 50.000 US-Dollar und 500 Mio. US-Dollar wird ein steigender Betrag durch einen festgelegten Prozentsatz des Streitwertes aufgestockt und erst bei einem Streitwert über 500 Mio. US-Dollar auf 113.215 US-Dollar gedeckelt. Die Verwaltungsgebühr beträgt im Durchschnitt 2% der insgesamt anfallenden Kosten eines Schiedsverfahrens.[251]

Die SCC-Bearbeitungsgebühr beträgt nach Anhang III SCC mindestens 1.500 Euro und kann auf bis zu 60.000 Euro steigen. Die Differenz von 18.100 Euro zwischen dem letzten angegebenen Wert von 41.900 Euro bei einem Streitwert von 75 Mio. Euro und der Maximalsumme von 60.000 ergibt sich bei einem zuzüglichen Prozentsatzes von 0,01% bei einem Streitwert von 181 Mio Euro. Insofern wird die Summe von 60.000 Euro bei einem Streitwert von 256 Mio. Euro erreicht.

Die Berechnungstabelle für die DIS-Bearbeitungsgebühr befindet sich in Nr. 18 der Anlage III. Die Gebührentabelle beginnt bei nur 350 Euro und wird

248 Gem. Art. 42 Absatz 1 der UNCITRAL Schiedsverfahrensregeln sind die Kosten des Schiedsverfahrens grundsätzlich von der unterlegenen Partei zu erstatten: „*The costs of the arbitration shall in principle be borne by the unsuccessful party or parties.*“ Das Schiedsgericht kann eine andere Kostenverteilung beschließen.

249 S. dazu Anhang II: Die Verwaltungsgebühren der Schiedsinstitutionen.

250 S. dazu Anhang III: Die Schiedsrichterhonorare in institutionellen Schiedsverfahren.

251 Die Kosten eines ICC-Schiedsverfahrens setzen sich ungefähr wie folgt zusammen: 82% Anwaltskosten u.ä., 16% Schiedsrichterhonorare und -auslagen, 2% Verwaltungsgebühr der Institution, s. *Heitzmann* in: Götz Staehelin / Gola / Graf, Institutional Arbitration, Tasks and Powers of different Arbitration Institutions, S. 130.

auf 25.000 Euro gedeckelt. Diese Summe wird bei einem Streitwert von 3,9 Mio Euro erreicht, denn bei einem Streitwert von über 1 Mio Euro beträgt die Bearbeitungsgebühr 10.500 Euro plus 0,5% des 1 Mio Euro übersteigenden Betrages. Bei Einreichung einer Widerklage und / oder mehreren Streitparteien kann insgesamt eine Bearbeitungsgebühr von 37.500 Euro entstehen.

Bei einem vergleichsweise geringen Streitwert von 1 Mio Euro beträgt die Bearbeitungsgebühr unter dem Regelwerk der DIS 10.500 Euro und unter SCC Regeln 13.900 Euro. Die Kostentabelle der ICC weist nach Umrechnung von Dollar in Euro eine Bearbeitungsgebühr von insgesamt knapp 20.605 Euro aus.[252] Damit beträgt die zu entrichtende Verwaltungsgebühr in einem Verfahren unter ICC Regeln bei einem Streitwert von 1 Mio Euro bereits das Doppelte der Gebühren unter DIS Regeln. Auch bei hohen Streitwerten kann die Bearbeitungsgebühr größere Summen erreichen als dies unter SCC Regeln oder DIS Regeln der Fall ist. Dies ist angesichts der Tatsache, dass diese Institutionen nur vereinzelt in das Schiedsverfahren eingreifen, auch gerechtfertigt. Die ICC lässt sich hingegen für die aktive Administration der Schiedsverfahren entlohnen.

Da die Ernennende Stelle in einem Verfahren unter UNCITRAL Schiedsverfahrensregeln nicht zwingend vereinbart werden muss, gibt es in diesen Verfahren dem Grundsatz nach keine Verwaltungsgebühr. Sollten allerdings Schiedsinstitutionen als Ernennende Stelle tätig werden, so gibt es vereinzelt eigene Vorschriften, wie die Gebühren zu berechnen sind. Nach Art. 3 Anhang III ICC fällt dabei eine „nicht erstattungsfähige Registrierungsgebühr" von 3.000 US-Dollar an. Für zusätzliche Dienstleistungen können weitere Kosten anfallen, „die einen Maximalbetrag von 10.000 US-Dollar im Regelfall nicht übersteigen sollen". Während die Regeln des SCC eine entsprechende Angabe vermissen lassen, berechnet die DIS die Gebühren wie

252 Bei einem Wechselkurs von 1,10 zwischen Euro und US-Dollar entspricht der Streitwert von 1 Mio Euro einem Streitwert von 1,1 Mio US-Dollar. Die Kostentabelle der ICC legt dafür eine Bearbeitungsgebühr von 21.715 US-Dollar plus 0,95% des 1 Mio Dollar übersteigenden Betrages – demnach zusätzliche 950 US-Dollar – fest. Dies ergibt insgesamt eine Summe von 22.665 US-Dollar, was zurückgerechnet in Euro einer Bearbeitungsgebühr von knapp 20.605 Euro entspricht.

in einem Verfahren unter dem eigenen Regelwerk nach dem Streitwert.[253] Damit sind die Verwaltungsgebühren für UNCITRAL Schiedsverfahren mit der ICC als Ernennender Stelle deutlich günstiger als das institutionelle Schiedsverfahren der ICC. Mit der Unterstützung der DIS sind diese Kosten hingegen identisch. Auch wenn andere Personen oder Institutionen als Ernennende Stelle tätig werden, gibt es selten Angaben zur Höhe der Verwaltungsgebühr. Daher ist diese individuell zu vereinbaren und damit vom Einzelfall abhängig, oder es fällt eine pauschale Gebühr wie unter dem Regelwerk der ICC an.

Sollten sich die Parteien nicht auf eine Ernennende Stelle einigen können, entfällt der Kostenpunkt der Verwaltungsgebühren. Dies entspräche einem reinen ad hoc Verfahren, da auch dort keine Kosten für eine zusätzliche Einrichtung anfallen. Das UNCITRAL Modellgesetz hat konsequenterweise keine Vorschrift bzgl. einer Verwaltungsgebühr. Bei der Unterstützung durch die staatlichen Gerichte nach Art. 6 UNCITRAL Modellgesetz fielen jedoch die Gerichtsgebühren nach dem jeweiligen nationalen Gerichtskostengesetz an.

Mit der Einigung auf eine Ernennende Stelle entstehen Verwaltungsgebühren und das Verfahren unter UNCITRAL Schiedsverfahrensregeln nimmt damit institutionellen Charakter an. Allerdings steigen auch in diesem Fall die Kosten für die Administration nicht so schnell, wie unter den Kostentabellen der Schiedsinstitutionen. Dies ist auch dadurch bedingt, dass die Ernennende Stelle womöglich erst verspätet in das Verfahren eingreift, und nicht von Anfang an dieses begleitet. Insgesamt scheinen die Verwaltungsgebühren für ein Verfahren unter UNCITRAL Schiedsverfahrensregeln trotz der Unterstützung einer Ernennenden Stelle geringer zu sein als in institutionellen Schiedsverfahren. Dies zeigt auch, dass die Schiedsinstitutionen die UNCITRAL Schiedsverfahrensregeln als kostengünstiger in der Unterstützung und wohl auch als weniger institutionalisiert ansehen. Dies mag insbesondere unter den novellierten UNCITRAL Schiedsverfahrensregeln verwundern, da – wie diese Bearbeitung zeigt – viele Kompetenzen der Ernennenden Stelle vorhanden sind und diese entsprechend vergütet werden müssten. Daher mag eine Überarbeitung der verschiedenen Kostentabellen für die Arbeit der

253 Art. 40 Abs. 2 f), Art. 41 Abs. 1 der „UNCITRAL Arbitration Rules – Administered by the DIS“ abrufbar unter: http://www.dis-arb.de/de/16/regeln/uncitral-arbitration-rules-administered-by-the-dis-id32 und Nr. 18 der Anlage III DIS.

Schiedsinstitutionen als Ernennende Stelle folgen. Solange die Verwaltungsgebühren pauschal berechnet werden bzw. insgesamt geringer sind, ist dies ein Argument für die Wahl der UNCITRAL Schiedsverfahrensregeln, bei dem der Verwender ebenso eine Unterstützung der Schiedsinstitutionen als Ernennender Stelle mit geringerer Verwaltungsgebühr erlangen kann. Für den Charakter der UNCITRAL Schiedsverfahrensregeln bleibt festzuhalten, dass ein Verfahren ohne Ernennende Stelle den reinen ad hoc Verfahren ähnelt, bei einer Einigung auf eine Ernennende Stelle jedoch – geringere – Verwaltungsgebühren anfallen und sich das Verfahren somit den institutionellen Abläufen annähert.

2. Der Kostenvorschuss

Die Schiedsinstitutionen möchten mit entsprechenden Vorschriften sicherstellen, dass der Kostenvorschuss bereits vor Übergabe des Verfahrens an das Schiedsgericht eingegangen ist. Nach den Schiedsverfahrensregeln der ICC muss der vom Sekretariat festgesetzte Kostenvorschuss gezahlt sein, damit das Verfahren an das Schiedsgericht überwiesen werden kann.[254] Dieser Vorschuss umfasst die Honorare der Schiedsrichter, jegliche durch das Schiedsverfahren veranlasste Auslagen und die ICC-Verwaltungskosten.[255] Auch gemäß der Schiedsverfahrensregeln des SCC wird das Verfahren „nach Bestellung des Schiedsgerichts und Zahlung des Vorschusses" an das Schiedsgericht verwiesen.[256] Dafür ist der bereits „geschätzte Betrag der Kosten des Schiedsverfahrens" zu überweisen.[257]

Nach den Schiedsverfahrensregeln der DIS „kann" die Geschäftsstelle die Weiterleitung der Klage von der Zahlung der „DIS-Bearbeitungsgebühr sowie eines vorläufigen Vorschusses für die Schiedsrichter nach der am Tage des Zugangs der Klage bei der DIS Geschäftsstelle gültigen Kostentabelle" abhängig machen.[258] Der vorläufige Vorschuss für das Schiedsgericht entspricht dem

254 Art. 16 ICC: *„Das Sekretariat übergibt die Schiedsverfahrensakten dem Schiedsgericht, sobald dieses gebildet ist und der vom Sekretariat zu diesem Zeitpunkt angeforderte Kostenvorschuss bezahlt worden ist."*

255 Art. 36 Abs. 2 und Art. 1 Abs. 4 des Anhangs III ICC.

256 Art. 18 SCC.

257 Art. 45 Abs. 2 SCC.

258 §§ 7 und 8 S. 2 DIS.

Honorar eines beisitzenden Schiedsrichters.[259] Damit hat die DIS eine flexiblere Lösung gefunden, da sie unter Umständen trotzdem eine Weiterleitung vornehmen könnte. Im Gegensatz zur Regelung der ICC und SCC umfasst das zu entrichtende Honorar der Schiedsrichter außerdem nicht die zu erwartende Gesamtsumme, sondern nur Anzahlungen. Damit können auch finanziell schwächere Parteien zur Führung eines Schiedsverfahrens ermutigt werden, da sie nicht unmittelbar die gesamten Verfahrenskosten vorlegen müssen. Dies geht allerdings zu Lasten der Sicherheit der Schiedsrichter, die für ihre schiedsrichterliche Tätigkeit auch ein entsprechendes Honorar erhalten wollen.

Das UNCITRAL Modellgesetz lässt jede Vorschrift zu den Kosten des Verfahrens vermissen. UNCITRAL hat einen Leitfaden erlassen, in welcher Weise mit solch ungeklärten Situationen umzugehen ist. Darunter findet sich auch der Hinweis, dass die Schiedsrichter selbst einen angemessenen Kostenvorschuss berechnen und von den Parteien verlangen sollen.[260] Haben sich die Parteien hingegen auf die Anwendung der UNCITRAL Schiedsverfahrensregeln geeinigt, so ist nach deren Art. 43 Abs. 1 ein Kostenvorschuss zu entrichten. Darüber hinaus besitzen die Schiedsrichter eine weitere Sicherheit eine angemessene Bezahlung zu erhalten. Nach Art. 43 Abs. 3 der UNCITRAL Schiedsverfahrensregeln muss die Ernennende Stelle bei einem Antrag einer Partei vor der Festlegung der Summe noch einmal kontaktiert werden. Die Ernennende Stelle kann eine Stellungnahme bezüglich der Angemessenheit des Kostenvorschusses abgeben.[261] Sollte sich eine Partei weigern, diesen Vorschuss zu zahlen, kann das Schiedsgericht das Verfahren aussetzen oder sogar abbrechen.[262]

Die Formulierung von Art. 43 Abs. 3 wurde in der Novellierung leicht verändert. Allerdings ist die grundsätzliche Funktion dieser Vorschrift bestehen geblieben. Die Einbeziehung der Ernennenden Stelle soll zu einer größeren Sicherheit der Schiedsrichter hinsichtlich der Bezahlung führen.

---

259 Nr. 17 der Anlage der Schiedsverfahrensregeln der DIS.

260 UNCITRAL Notes on Organizing Arbitral Proceedings, Nr. 5.

261 Art. 43 Abs. 3 UNCITRAL Schiedsverfahrensregeln: "*[...] the arbitral tribunal shall fix the amounts of any deposits or supplementary deposits only after consultation with the appointing authority, which may make any comments to the arbitral tribunal [...].*"

262 Art. 43 Abs. 4 UNCITRAL Schiedsverfahrensregeln.

Nicht eindeutig geklärt ist jedoch, ob die Stellungnahme nach der Novellierung bindende Wirkung für die Schiedsrichter hat. *Patochi* und *Niedermaier* halten dies für möglich und glauben an einen unbeabsichtigten Fehler im Novellierungsprozess, indem Art. 43 Abs. 3 nicht an die geänderten Vorschriften des Art. 41 Abs. 3 und Abs. 4 c) angepasst wurde.[263] In diesem Fall wäre die Eingriffsmöglichkeit der Ernennenden Stelle noch einmal gestärkt worden. Sollte die Stellungnahme hingegen keine bindende Wirkung haben, sind die Schiedsrichter darauf angewiesen, bereits bei der Kontaktaufnahme mit den Parteien die Bezahlung anzusprechen oder nur für vertrauensvolle Schiedsparteien zur Verfügung zu stehen. Im Verfahren selber haben die Schiedsrichter verschiedene Möglichkeiten, auf die Parteien Druck aufzubauen und sie zu einer Zahlung zu verleiten, so z.B. mit vorläufigen Maßnahmen („interim measures"), deren Möglichkeiten in der Novellierung des Art. 26 ausgeweitet wurden.[264] Darüber hinaus könnte das Schiedsgericht auch einen Schiedsspruch trotz Abwesenheit oder eine entsprechende Kostentragungsentscheidung treffen.[265] Die Hinterlegung des Kostenvorschusses bei der Ernennenden Stelle wurde im Novellierungsprozess hingegen nicht in Betracht gezogen und die entsprechende Vorschrift bereits frühzeitig beschlossen.[266]

Damit besitzen die UNCITRAL Schiedsverfahrensregeln im Gegensatz zu den nationalen Schiedsgesetzen eine Vorschrift zur Überprüfung des Kostenvorschusses. Sie haben sich von den nationalen Schiedsgesetzen abgewandt und eine zusätzliche Kompetenz der Ernennenden Stelle geschaffen. Allerdings kann die damit scheinbar hervorgerufene Sicherheit aller Beteiligten dadurch alleine nicht gewährleistet werden, sollte die Stellungnahme keine rechtliche Bindung besitzen. Außerdem könnte bereits die Anfrage an die Ernennende Stelle zur Kostenüberprüfung das Schiedsgericht verärgern.[267] Da der Kostenvorschuss mit den abschließenden Verfahrenskosten verrechnet wird, können eventuell aufgetretene Fehler unter Umständen auch dann

---

263 *Patochi/Niedermaier* in: Schütze, Institutional Arbitration, UNCITRAL Rules, para. 781.

264 *Petrochilos*, Interim Measures under the Revised UNITRAL Arbitration Rules, ASA Bulletin 2010, S. 878ff.

265 *Blackaby/Partasides* in: Redfern/Hunter, Redfern and Hunter on International Arbitration, para. 5.24 ff. und 5.31 ff.

266 A/CN.9/646, Rn. 37.

267 *Webster*, Handbook of UNCITRAL Arbitration, para. 43–20.

noch behoben werden. Eine wirklich bedeutende Eingriffsmöglichkeit ist die Überprüfung des Kostenvorschusses daher nicht,[268] auch wenn hier ebenso eine den institutionellen Schiedsinstitutionen vergleichbare Kompetenz der Ernennenden Stelle geschaffen wurde und auf einen institutionellen Charakter der UNCITRAL Schiedsverfahrensregeln hinweist.

3. Die abschließende Festsetzung der Verfahrenskosten

Nach Abschluss des Schiedsverfahrens sollen die Schiedsrichter ein angemessenes Honorar erhalten haben. Um dies zu gewährleisten, stellen die Schiedsinstitutionen Kostentabellen bereit, die für die Verfahren unter den jeweiligen institutionellen Schiedsverfahrensregeln Geltung erhalten.

In Verfahren unter dem Regelwerk der ICC legt der Gerichtshof die Kosten des Verfahrens fest. Diese sind im Gegensatz zu den Angaben von SCC und DIS in US-Dollar in die Kostentabelle eingetragen und können nur bei „besonderen Umständen des Einzelfalles" von dieser abweichen.[269] Der Gerichtshof ist alleine für die Festsetzung zuständig, „gesonderte Honorarabsprachen zwischen den Parteien und dem Schiedsrichter verstoßen gegen die Schiedsgerichtsordnung".[270] Die Honorare der Schiedsrichter bestimmen sich nach dem Streitwert und betragen mindestens 3.000 US-Dollar. Sie werden aus einem ansteigenden Basiswert zuzüglich eines Prozentsatzes des Streitwertes gebildet. Die Festlegung des Gerichtshofes bewegt sich dann zwischen der vorgegebenen Minimal- und Maximalsumme. Das absolute Maximum wäre demnach bei einem Streitwert von über 500 Mio US-Dollar ein Honorar von 583.300 US-Dollar zuzüglich 0.04% des 500 Mio US-Dollar überschreitenden Streitwertes.

Die Angaben zu den Kosten des Verfahrens unter den Schiedsverfahrensregeln des SCC finden sich in deren Anhang III. Auch hier kann der Vorstand die endgültige Gebühr bestimmen, die zwischen einem Minimum und Maximum liegen sollte und von der nur unter „außergewöhnlichen

268 Bisher hatte die Vorgängerregelung in Art. 41 Abs. 3 der UNCITRAL Schiedsverfahrensregeln von 1976 soweit ersichtlich keine Bedeutung für die Schiedspraxis, s. *Caron / Caplan*, The UNCITRAL Arbitration Rules – A Commentary, S. 899.

269 Art. 37 Abs. 2 ICC.

270 Art. 2 Abs. 4 Anhang III ICC.

Umständen“ abgewichen werden darf.[271] Dabei gelten die Summen für den Vorsitzenden des Schiedsgerichts, etwaige Beisitzer erhalten für gewöhnlich 60% des Betrages.[272] Bis 25.000 Euro beträgt die Summe zwischen 2.500 und 5.500 Euro. Bis 100 Mio Euro steigt diese in Stufen, ebenso mit einem Basiswert zuzüglich eines Prozentsatz des Streitwerts. Das Besondere ist hier, dass die Verfahrenskosten bei einem Streitwert von über 100 Mio Euro komplett vom Vorstand bestimmt werden können. Als Anhaltspunkt für die Bestimmung kann die höchste noch angegebene Summe dienen. Diese beträgt bei einem Streitwert zwischen 75 Mio Euro und 100 Mio Euro bereits 226.000 Euro plus 0,02% des 75 Mio Euro übersteigenden Betrags.

Die Kostentabelle der DIS als Anlage zu § 40.5 DIS beziffert in 19 verschiedenen Punkten die Honorare für den Vorsitzenden des Schiedsgerichts und seiner Beisitzer abhängig vom Streitwert. Dabei sind die Summen bis 50.000 Euro vorgegeben und betragen z.B. bei einem Streitwert bis 5.000 Euro für den Vorsitzenden des Schiedsgerichts 1.365 Euro und den Beisitzenden 1.050 Euro.[273] Danach steigt der Basiswert in Stufen und wird jeweils um einen gewissen Prozentsatz aufgewertet. Bei einem Streitwert über 100 Mio Euro beträgt das Honorar eines Beisitzenden 129.450 € plus 0,05% des 100 Mio Euro übersteigenden Betrags. Der Vorsitzende erhält einen Zuschlag von 30%.[274] Zusätzlich gibt es Sondervergütungen für komplizierte Verfahren. Dabei kann das Honorar der Schiedsrichter vom DIS-Ernennungsausschuss bei einem Mehrparteienverfahren oder bei rechtlicher Schwierigkeit und/oder tatsächlicher Komplexität um bis zu 50% erhöht werden.[275] Ohne solche Sondervergütungen erhalten die beisitzenden Schiedsrichter bei einem Streitwert von 100 Mio Euro ein Honorar von 129.450 Euro. Bei gegebener Schwierigkeit könnte diese Summe auf bis zu 194.175 Euro steigen. Der Vorsitzende erhält in einem Schiedsverfahren der DIS durch die zusätzlichen 30% demnach 168.285 Euro bzw. bis zu 252.427,50 Euro.

---

271 Anhang III, Art. 3 Abs. 3 SCC.

272 Anhang III, Art. 2 Abs. 2 SCC; *Pavlica* in: Götz Staehelin / Gola / Graf, Institutional Arbitration, Tasks and Powers of different Arbitration Institutions, S. 228.

273 Anlage zu § 40.5 Nr. 1 DIS.

274 Anlage zu § 40.5 Nr. 15 DIS.

275 Anlage zu § 40.5 Nr. 11 und Nr. 13 DIS.

Bei einem vergleichbaren Fall mit einem Streitwert von 100 Mio Euro beträgt das Schiedsrichterhonorar für den Vorsitzenden nach SCC Regeln hingegen 226.000 Euro plus 0,02% des 75 Mio Euro übersteigenden Betrages, demnach 231.000 Euro. Die Beisitzenden erhalten davon 60%, demnach 138.600 Euro. Für ein Dreipersonenschiedsgericht sind damit bei gegebener Schwierigkeit des Falles, die sowohl unter den DIS Regeln zur Anwendung der entsprechenden Zuschläge als auch unter den SCC Regeln zur Festlegung der Maximalsumme führt, in einem Schiedsverfahren unter dem Regelwerk der SCC ein Honorar von 138.600 Euro für die beiden Beisitzer und 231.000 Euro für den Vorsitzenden zu addieren; dies ergibt ein Gesamthonorar von 508.200 Euro.

In einem Schiedsverfahren unter DIS Regeln ergibt die Addition von 194.175 Euro für die beiden Beisitzer und 252.427,50 Euro für den Vorsitzenden hingegen ein Gesamthonorar des Schiedsgerichts von 640.777,50 Euro.

Bei einem Verfahren mit einem Steitwert von 100 Mio Euro beträgt das Honorar eines Schiedsrichters nach dem ICC Regelwerk 357.100 US-Dollar,[276] was bei einem Dreipersonenschiedsgericht ein Gesamthonorar von 1.071.300 US-Dollar ergibt. Bei einem Wechselkurs von 1,10 zwischen Euro und US-Dollar entspricht dies einem Betrag von 973.909 Euro.

Diese Gegenüberstellung[277] zeigt, dass die Honorare in einem Schiedsverfahren unter dem Regelwerk der ICC erheblich höher sind als unter SCC oder DIS Regeln, schließlich ergibt sich in dem gebildeten Beispielsfall bei einer Addition der Maximalbeträge ein Gesamthonorar von ca. 973.909 Euro. Im Vergleich dazu erhält das Dreipersonenschiedsgericht in SCC Verfahren nur 508.200 Euro und in DIS Verfahren 640.777,50 Euro. Allerdings ist zu beachten, dass die Festlegung durch die Schiedsinstitution immer nur anhand der Umstände des Einzelfalles stattfindet. Dabei haben alle Schiedsinstitutionen

---

276 Aufgrund der Angabe der Schiedsrichterhonorare in US-Dollar muss der Vergleichsmaßstab zu 100 Mio Euro bei einem Streitwert von 110 Mio US-Dollar zu suchen sein. Die Kostentabelle der ICC gibt dafür ein maximales Honorar von 351.300 US-Dollar plus 0,0580%, also zusätzliche 5.800 US-Dollar, aus; dies führt zu einem maximalen Honorar von 357.100 US-Dollar für jeden Schiedsrichter.

277 Es sei noch einmal hingewiesen auf Anhang III dieser Bearbeitung: Die Schiedsrichterhonorare in institutionellen Schiedsverfahren.

gewisse Spielräume, wie die oben angeführten Vorschriften zu den Sondervergütungen zeigen.

Hält man sich vor Augen, dass die ICC ihre Verfahren deutlich aufwändiger administriert, so lässt sich eine höhere Verwaltungsgebühr erklären. Die höheren Schiedsrichterhonorare könnten hingegen Ausdruck des guten Rufes der ICC in der Schiedspraxis sein. Die Parteien sind bereit, auch die Schiedsrichter mit höheren Summen zu entlohnen. Damit ist der finanzielle Anreiz für die Schiedsrichter in ICC Verfahren höher. Dies führt auch dazu, dass die Schiedsinstitution die erfahreneren Schiedsrichter für sich gewinnen kann, was wiederum zum guten Ruf der ICC beiträgt.

In Verfahren unter den nationalen Schiedsgesetzen nach dem Vorbild des UNCITRAL Modellgesetzes werden die Honorare hingegen nicht von einer Kostentabelle bestimmt, sondern vielmehr von den Schiedsrichtern festgelegt. Die Schiedsrichter dürfen über ihre eigenen Gebühren bestimmen, obwohl dies eine Entscheidung in eigener Sache ist.[278] Damit besteht jedoch auch die Gefahr exorbitanter Verfahrenskosten, der nur durch den Gang vor ein staatliches Gericht abgeholfen werden kann. Dieses überprüft die Festsetzung der Verfahrenskosten an deren „Angemessenheit".[279]

Die UNCITRAL Schiedsverfahrensregeln haben hingegen einen ganz eigenen Mechanismus zur Festsetzung der Verfahrenskosten erarbeitet. Dieser ist für die generelle Akzeptanz der UNCITRAL Schiedsverfahrensregeln von großer Bedeutung. Allein mit dem Vorhandensein haben sie sich bereits von reinen ad hoc Schiedsverfahren abgewandt und gewähren den Parteien eine größere Kostensicherheit. Diese wurde durch die Novellierung des Regelwerkes noch weiter gestärkt und ist auch jetzt noch Ursprung weiterer Reformversuche der UNCITRAL.[280] Die entscheidende Vorschrift des Art. 41 beginnt weiterhin mit der allgemein gefassten Aussage, das Honorar der Schiedsrichter solle in der Höhe angemessen sein.[281] Dabei müssen sich die

---

278 Vgl. *Schwab / Walter*, Schiedsgerichtsbarkeit, Kap. 33, Rn. 15.

279 *Hahnkamper* in: Torggler, Praxishandbuch Schiedsgerichtsbarkeit, S. 128.

280 Um die Transparenz eines Schiedsverfahrens weiter zu steigern, wurden 2014 von UNCITRAL die UNCITRAL Rules on Transparency in Treaty-based Investor-State Arbitration beschlossen. Über den 2013 nachträglich eingefügten Art. 1.4 UNCITRAL Schiedsverfahrensregeln finden diese mit der Einigung auf ein UNCITRAL Schiedsverfahren ebenfalls Anwendung auf das Verfahren.

281 Art. 41 Abs. 1: "*shall be reasonable in amount*".

Schiedsrichter an objektiven Anhaltspunkten, wie z.B. dem Streitwert, der Komplexität und dem Zeitaufwand, orientieren. Darüber hinaus soll das Schiedsgericht nun auch die Kostentabelle der Ernennenden Stelle beachten, sofern eine solche bestimmt wurde.[282] Sehr bemerkenswert ist jedoch der neue Art. 41 Abs. 3, der die gestiegene Bedeutung der Ernennenden Stelle deutlich macht. Dieser besagt:

> *"Promptly after its constitution, the arbitral tribunal shall inform the parties as to how it proposes to determine its fees and expenses, [...]. [...] any party may refer the proposal to the appointing authority for review. If [...] the appointing authority finds that the proposal is inconsistent with paragraph 1 [i.e. unreasonable, d.Verf.], it shall make any necessary adjustments thereto, which shall be binding upon the arbitral tribunal."*

Durch die Verpflichtung, umgehend einen Kostenvoranschlag anzufertigen, können sich die Parteien frühzeitig auf die anfallenden Kosten des Verfahrens einstellen. Dieser kann auf Antrag einer Partei von der Ernennenden Stelle korrigiert werden. Eine Änderung der vorgeschlagenen Berechnung hat bindende Wirkung für das Schiedsgericht.

Eine Stellungnahme unter den UNCITRAL Schiedsverfahrensregeln von 1976 musste hingegen nur soweit übernommen werden, wie sie dem Schiedsgericht angemessen erschien, und stellte deswegen kein wirksames Instrument der Kostenüberprüfung dar.[283] Die neu geschaffene Kompetenz der Ernennenden Stelle zur bindenden Überprüfung des Kostenvoranschlags führt damit bereits in einem frühen Stadium des Verfahrens zu einer verbesserten Übersicht der Parteien über die voraussichtlich entstehenden Kosten. Zusätzlich wird der Kostenvoranschlag des Schiedsgerichts eher mit den endgültigen Kosten des Schiedsverfahrens übereinstimmen, schließlich muss dieser Voranschlag gem. Abs. 4 des Art. 41 UNCITRAL Schiedsverfahrensregeln bei Nachfrage erläutert werden[284] und wird mit bindender Wirkung mit der endgültigen Festsetzung der Verfahrenskosten abgeglichen. Auch dieser Absatz

282 Art. 41 Abs. 2: "*shall take that schedule into account*".

283 *Caron/Caplan*, The UNCITRAL Arbitration Rules – A Commentary, S. 856; vgl. Art. 39 Abs. 3 UNCITRAL Schiedsverfahrensregeln von 1976: "*shall take such information into account to the extent that it considers appropriate in the circumstances of the case.*"

284 Art. 41 Abs. 4 Unterabsatz (a) und (b) UNCITRAL Schiedsverfahrensregeln: "*any party may review such determination to the appointing authority*".

wurde im Novellierungsprozess neu gefasst und ermächtigt die Ernennende Stelle und bei Untätigkeit derselben ausdrücklich auch den Generalsekretär des PCA zur Überprüfung der endgültigen Verfahrenskosten. Die entscheidende Änderung findet sich in Unterabsatz (c) des Art. 41 Abs. 4 UNCITRAL Schiedsverfahrensregeln:

> *"If the appointing authority or the Secretary-General of the PCA finds that the arbitral tribunal's determination is inconsistent with the arbitral tribunal's proposal (and any adjustment thereto) under paragraph 3 or is otherwise manifestly excessive, it shall, [...], make any adjustment [...]. Any such adjustments shall be binding upon the arbitral tribunal."*

Damit können die Ernennende Stelle und der Generalsekretär des PCA die Festsetzung der Verfahrenskosten, die nicht mit dem Kostenvoranschlag des Schiedsgerichts zu vereinbaren oder auf andere Weise offenkundig überhöht ist, mit bindender Wirkung korrigieren. Damit wurde der Ernennenden Stelle eine weitere Kompetenz zugesprochen. Gleichzeitig kann auch die Bestimmende Stelle unmittelbar auf das Schiedsverfahren einwirken. Dies ist die einzige direkte Eingriffsmöglichkeit des Generalsekretärs des PCA, der ansonsten nur bei der Bestimmung der Ernennenden Stelle im Rahmen von Art. 6 UNCITRAL Schiedsverfahrensregeln ausdrücklich erwähnt wird. Gleichzeitig wird auch die Arbeitsbelastung der Ernennenden Stelle steigen, schließlich muss sie unter Umständen die jahrelange Arbeit des Schiedsgerichts überprüfen.[285] Außerdem wird der vom Schiedsgericht umgehend aufzustellende Kostenvoranschlag auch das Schiedsgericht länger beschäftigen, schließlich muss er einen Abgleich mit der tatsächlichen Festsetzung bestehen.

Mit der Einbeziehung der Ernennenden oder Bestimmenden Stelle durch eine der Parteien wird die Autorität und Unabhängigkeit des Schiedsgerichts beeinträchtigt, denn deren Änderung findet sich auch im Schiedsspruch wieder, obwohl sich die Parteien nur der Jurisdiktion des Schiedsgerichts unterworfen haben. Diese erlässt den Schiedsspruch in ihrem Namen und muss die bindende Entscheidung trotzdem übernehmen.[286] Schon unter den UNCITRAL Schiedsverfahrensregeln von 1976 wurden Zweifel geäußert,

---

285 *Sanders*, The Revision of the UNCITRAL Arbitration Rules, S. 11; bisher ist nur ein entsprechender Antrag im Jahre 2013 beim PCA eingegangen, s. PCA, Annual Report, 2013, S. 8.

286 A/CN.9/704/Add.4, S. 11.

ob die Parteien und die Ernennende Stelle die Möglichkeiten der Stellungnahme ausnutzen würden.[287] Diese Zweifel sind erst Recht für die bindende Überprüfung durch die Ernennende oder Bestimmende Stelle nach der Novellierung gerechtfertigt.[288] Andererseits müssen die Parteien für eine bindende Überprüfung der Kostenberechnungen nun nicht mehr den Weg vor ein staatliches Gericht wählen. Dies würde eine konstruktive Zusammenarbeit mit dem Schiedsgericht womöglich in noch größerem Umfang beeinträchtigen.[289] Die Einbeziehung der Ernennenden oder Bestimmenden Stelle ist insoweit der Weg des geringsten Eingriffs und daher trotz allem für die Parteien von Vorteil.

Mit dieser Kompetenzübertragung haben sich die UNCITRAL Schiedsverfahrensregeln von den Regelungen der nationalen Schiedsgesetze abgewandt. Um die Kostensicherheit der Parteien zu stärken, reichen sie über das Niveau der nationalen Schiedsgesetze hinaus, aber nicht an den festgelegten Rahmen der Verfahrenskosten in institutionellen Schiedsverfahrensregeln – die durch die einzelnen Kostentabellen garantiert werden können – heran. Gleichzeitig wurde jedoch auch die Flexibilität des Regelwerkes gewahrt, die Kosten nicht nach festen Vorgaben, sondern allein an deren Angemessenheit zu bewerten. Dies ist ein Vorteil gegenüber den institutionellen Schiedsverfahrensregeln. Allerdings haben sich die UNCITRAL Schiedsverfahrensregeln den institutionellen Schiedsverfahrensregeln deutlich angenähert und haben ebenso einen wirksamen Mechanismus zur Festlegung angemessener Verfahrenskosten geschaffen. Ob diese Kosten höher oder niedriger ausfallen, hängt vom Einzelfall ab. Mit der Kompetenz der Ernennenden Stelle wurde der Weg vor ein staatliches Gericht, den die nationalen Schiedsgesetze eröffnen, versperrt und die UNCITRAL Schiedsverfahrensregeln deutlich institutionalisiert.

---

287 *Sanders*, Has the Moment Come to Revise the Arbitration Rules of UNCITRAL?, Arb. Int'l 2004, S. 243, 258.

288 Dies mag auch der erste Fall der Kostenüberprüfung durch das PCA zeigen, der von den Parteien letztendlich nicht weiter verfolgt wurde; s. PCA, Annual Report, 2013, S. 12.

289 *Levine*, Current Trends in International Arbitration Practice as Reflected in the Revision of the UNCITRAL Arbitration Rules, UNSW 2008, S. 266, 278.

D. Zusammenfassung der wesentlichen Erkenntnisse und Schlussbetrachtung

Um ein Schiedsverfahren an die eigenen Bedürfnisse anzupassen, können die Parteien neben dem nationalen Schiedsrecht noch zusätzliche Schiedsverfahrensregeln zur Anwendung berufen. Die UNCITRAL Schiedsverfahrensregeln sind dafür ein Beispiel. Deren Einordnung als ad hoc Schiedsverfahrensregeln, institutionelle Schiedsverfahrensregeln oder als semi-institutionelle Schiedsverfahrensregeln wurde durch die Analyse der verschiedenen Eingriffsmöglichkeiten in das Schiedsverfahren in Teil C dieser Bearbeitung hergeleitet. Der Darstellung der wesentlichen Erkenntnisse (**I.**) folgt eine Schlussbetrachtung (**II.**).

I. Zusammenfassung der wesentlichen Erkenntnisse

Gemeinhin werden die Schiedsverfahren in das diametrale Begriffspaar ad hoc Schiedsverfahren und institutionelle Schiedsverfahren unterschieden. Ein ad hoc Schiedsverfahren wird z.B. unter nationalen Schiedsgesetzen nach dem Vorbild des UNCITRAL Modellgesetz durchgeführt und nur von staatlichen Gerichten begleitet. Das Überprüfungsmonopol der staatlichen Gerichte ist daher in ad hoc Verfahren ungebrochen. Die meisten Parteien einigen sich hingegen auf Verfahrensregeln einer Schiedsinstitution, wie z.B. ICC, SCC und DIS. Die Schiedsinstitutionen administrieren das Verfahren nach ihrem individuellen Regelwerk und versperren den Weg vor ein staatliches Gericht. Da UNCITRAL selber keine Schiedsinstitution darstellt, hat sie in ihren Schiedsverfahrensregeln einen anderen Ansatz gewählt. Danach ist die Ernennende Stelle nicht bereits mit der Einigung auf die Verfahrensregeln vorgegeben. Stattdessen müssen sich die Parteien in der Schiedsklausel auf diese einigen, oder sie wird im Verfahren gem. Art. 6 der novellierten UNCITRAL Schiedsverfahrensregeln bestimmt.

Die Ernennende Stelle übernimmt die Unterstützung des Schiedsverfahrens, wie es in institutionellen Schiedsverfahren von den Schiedsinstitutionen geleistet wird. Abgesichert wird diese Position durch den PCA als Bestimmender Stelle. Mit der Novellierung der UNCITRAL Schiedsverfahrensregeln im Jahre 2010 haben die Ernennende Stelle und Bestimmende

Stelle eine weitere Stärkung erlebt. Bei einer Einzelbetrachtung der verschiedenen Kompetenzen der Ernennenden und Bestimmenden Stelle ergeben sich einige Situationen, in denen diese Stellen durch die UNCITRAL Schiedsverfahrensregeln keine Eingriffsmöglichkeiten in das Schiedsverfahren übertragen bekommen haben. In diesen Fällen ähneln die UNCITRAL Schiedsverfahrensregeln dem UNCITRAL Modellgesetz bzw. den auf dem Modellgesetz aufbauenden nationalen Schiedsgesetzen. Auf der anderen Seite ergeben sich jedoch deutlich mehr Bereiche, in denen die UNCITRAL Schiedsverfahrensregeln den institutionellen Schiedsverfahrensregeln vergleichbare oder sogar darüber hinausgehende Eingriffsmöglichkeiten geschaffen haben.

Bei der Ernennung eines Einzelschiedsrichters und der Parteischiedsrichter besitzt die Ernennende Stelle den Schiedsinstitutionen vergleichbare Kompetenzen. Bezüglich des Vorsitzenden eines Mehrpersonenschiedsgerichts wählen sowohl die UNCITRAL Schiedsverfahrensregeln als auch das Regelwerk der DIS einen anderen Weg als der Großteil der institutionellen Schiedsverfahrensregeln, haben jedoch auch eine Ersatzkompetenz der außenstehenden Fazilität geschaffen. Folglich sind die UNCITRAL Schiedsverfahrensregeln mit Blick auf den Untersuchungsgegenstand ebenso institutionell. Im Rahmen der Schiedsrichterbestellung im Mehrparteienverfahren wurden der Ernennenden Stelle neue Eingriffsmöglichkeiten zugesprochen. Durch die Einführung des neuen Art. 10 Abs. 3 UNCITRAL Schiedsverfahrensregeln kann die Ernennende Stelle das gesamte Schiedsgericht in Mehrparteienverfahren – die erst durch das novellierte Regelwerk umfasst werden – ernennen. Damit besitzt die novellierte Fassung sogar eine explizitere Regelung bzgl. der Kompetenzen der Ernennenden Stelle als die institutionellen Schiedsverfahrensregeln.

Bei der Entscheidung über die Anzahl der Schiedsrichter, über die Ablehnung der Schiedsrichter – bei der nach § 19 Abs. 2 S. 2 DIS ausdrücklich das staatliche Gericht die Ersatzbefugnis übertragen bekommen hat – und den Möglichkeiten, einen Ersatz für den angefochtenen Schiedsrichter zu ernennen oder als Rumpfschiedsgericht fortzufahren, gibt es keine den UNCITRAL Schiedsverfahrensregeln entsprechende Kompetenzübertragung in dem Regelwerk der DIS. Vergleichbare Eingriffsmöglichkeiten sind jedoch in den institutionellen Schiedsverfahrensregeln von ICC und SCC vorhanden. Damit sind die UNCITRAL Schiedsverfahrensregeln in diesen Punkten „institutioneller" als die institutionellen Schiedsverfahrensregeln der DIS.

Im Rahmen der Entscheidung über die Zuständigkeit sowie den Sitz des Schiedsverfahrens ähneln die UNCITRAL Schiedsverfahrensregeln hingegen den nationalen Schiedsgesetzen. Allerdings sind die institutionellen Schiedsverfahrensregeln bereits uneinheitlich bzw. ist die Bedeutung für die Praxis gering, sodass sich eine Einordnung als ad hoc Regelwerk allein auf diese Aspekte nicht stützen lässt. Auch die Entscheidungsbefugnis über die Zulässigkeit von Mehrparteienverfahren ähnelt den Vorschriften der LCIA und DIS. Die Vorschriften zur Bestimmung des anwendbaren Rechts haben sich im Wege der Novellierung von den nationalen Schiedsgesetzen abgewandt und gleichen nun den institutionellen Schiedsverfahrensregeln.

Die Organisation des Verfahrens muss in Schiedsverfahren unter UNCITRAL Schiedsverfahrensregeln jedoch von dem Schiedsgericht selber oder von extra benannten Sekretären erledigt werden. Sollte ein solcher Sekretär nicht benannt worden sein, ergeben sich in diesem Punkt mit Blick auf die Arbeitsbelastung für das Schiedsgericht grundlegende Abweichungen der UNCITRAL Schiedsverfahrensregeln von den institutionellen Schiedsverfahrensregeln. Auch bei der Kommunikation der Schriftstücke und der Organisation des Verfahrens bestehen weiterhin Unterschiede. Demnach ist das Schiedsverfahren unter UNCITRAL Schiedsverfahrensregeln nicht mit einer Sendung der Schiedsklage an die Schiedsinstitution, sondern an die jeweils andere Partei zu beginnen. Dies ist ein grundlegender Unterschied zwischen einem Verfahren unter UNCITRAL Schiedsverfahrensregeln und institutionellen Schiedsverfahrensregeln. Bei der Bestellung der Schiedsrichter besitzt die Ernennende Stelle unter UNCITRAL Schiedsverfahrensregeln nur eine Auffangkompetenz. In diesem Bereich ist das Regelwerk der UNCITRAL demnach teilweise institutionalisiert. Während des Verlaufs des Schiedsverfahrens und bei dessen Abschluss wird hingegen nur die ICC aktiv in die Kommunikation der Schriftstücke involviert. Sowohl SCC als auch DIS belassen die Verfahrensführung weitestgehend dem Schiedsgericht. In diesen Verfahrensschritten ist demnach aufgrund der Divergenzen innerhalb der institutionellen Schiedsverfahrensregeln kein grundsätzlicher Unterschied zu sehen.

Der besondere Mechanismus zur Festsetzung der Kosten des Verfahrens wurde aufgrund der fehlenden Schiedsinstitution speziell für die UNCITRAL Schiedsverfahrensregeln entwickelt. Während die Schiedsrichterhonorare nach den Regelwerken der Schiedsinstitutionen unterschiedlich hoch, aber zumindest verbindlich festgelegt sind, bedarf es in Verfahren unter UNCITRAL Schiedsverfahrensregeln einer Überprüfungskompetenz einer außenstehenden Stelle. Statt eines staatlichen Gerichts – wie nach den nationalen Gesetzen vorgesehen – können gem. Art. 41 UNCITRAL Schiedsverfahrensregeln sowohl die Ernennende Stelle als auch der Generalsekretär des PCA die Kosten des Verfahrens mit bindender Wirkung festlegen und daher nun eine vergleichbare Kostensicherheit wie die institutionellen Schiedsverfahrensregeln garantieren. Auch der Kostenvorschuss ist gem. 43 Abs. 3 UNCITRAL Schiedsverfahrensregeln überprüfbar. Somit wurden bedeutende Kompetenzen der Ernennenden und Bestimmenden Stelle im Wege der Novellierung der UNCITRAL Schiedsverfahrensregeln geschaffen. Eine Verwaltungsgebühr fällt hingegen zunächst nicht an, solange die Parteien keine Ernennende Stelle bestimmt haben. Sollte eine Schiedsinstitution diese Rolle übernehmen, sehen die verschiedenen Regelwerke nur geringe Gebühren vor, was angesichts der deutlich intensivierten Betreuung durch die Ernennende Stelle nach den UNCITRAL Schiedsverfahrensregeln von 2010 verwundern mag.

II. Schlussbetrachtung zur Einordnung der UNCITRAL Schiedsverfahrensregeln als semi-institutionelle Schiedsverfahrensregeln

Die vorangegangene Bearbeitung hat sich mit der Unterscheidung von ad hoc Schiedsverfahren und institutionellen Schiedsverfahren beschäftigt. Dabei hat sich gezeigt, dass alle angeführten Schiedsverfahrensregeln ihre eigenen Ansätze haben, durch die sie im Einzelfall für den Verwender interessant werden können. Die Schiedsverfahrensregeln der DIS sind zum Beispiel besonders flexibel gehalten und entsprechen dem UNCITRAL Modellgesetz sogar in einigen Vorschriften, in denen die UNCITRAL Schiedsverfahrensregeln von diesen abgewichen sind. Die UNCITRAL Schiedsverfahrensregeln sind bei der Bestimmung des Schiedsgerichts in Mehrparteienverfahren bei der Entscheidung über die Anzahl der Schiedsrichter und über die Ablehnung der Schiedsrichter sowie bei den Möglichkeiten, einen Ersatz für den angefochtenen Schiedsrichter zu ernennen oder als Rumpfschiedsgericht fortzufahren, demnach „institutioneller“ als die institutionellen Schiedsverfahrensregeln der DIS. Da die Schiedsverfahrensregeln der DIS noch immer auf dem UNCITRAL Modellgesetz aufbauen, ist dies auch nicht weiter verwunderlich, schließlich sind eben diese das Vorbild der nationalen Schiedsgesetze. Damit kann man auch den Kritikern des DIS-Regelwerkes entgegenhalten, dass dieses durch die deutliche Zurückhaltung in der Administration sehr wohl eine Individualität besitzt. Mit der Einigung auf die Regeln der DIS erhält der Verwender die Unterstützung einer auf Schiedsrecht spezialisierten Institution, die aber nur wenige Eingriffe in das Verfahren zulässt. Auch eine solche Zurückhaltung kann das Regelwerk interessant machen und zu einer größeren Akzeptanz der deutschen Schiedsinstitution führen.

Den Gegensatz dazu stellen die institutionellen Schiedsverfahrensregeln der ICC dar. Dort werden dem Gerichtshof weit mehr Kompetenzen übertragen und das Verfahren in ein engeres Korsett gedrängt. Zusätzlich zu den bereits angeführten Aufgaben kann der Schiedsgerichtshof sogar einen Eilschiedsrichter bestimmen[290] und den Schiedsspruch auf offensichtliche Mängel überprüfen.[291] Darüber hinaus muss neben einem Verfahrenskalender auch ein außerordentlich detaillierter Schiedsauftrag ausgearbeitet werden.[292]

Die Gegenüberstellung der verschiedenen Aufgaben der außenstehenden Einrichtungen zeigt somit, dass bereits innerhalb der institutionellen Schiedsverfahrensregeln ganz unterschiedliche Schwerpunkte gesetzt werden. Trotzdem werden diese ohne Ausnahme als „institutionell“ bezeichnet. Insbesondere mit Blick auf das Regelwerk der DIS kann die Abgrenzung zu sog. ad hoc Schiedsverfahren somit nicht nur an der Quantität und Qualität der Eingriffsmöglichkeiten festgemacht werden.

Die Bearbeitung hat jedoch weiterhin aufgezeigt, dass zwar nicht in den Eingriffsmöglichkeiten von außen, doch in der fehlenden Festlegung auf eben diese außenstehende Einrichtung weiterhin ein grundsätzlicher Unterschied zwischen den UNCITRAL Schiedsverfahrensregeln und den institutionellen Schiedsverfahrensregeln zu sehen ist. Unter den UNCITRAL Schiedsverfahrensregeln ist es weiterhin möglich, ein Schiedsverfahren ohne Ernennende Stelle durchzuführen. Die UNCITRAL ist gerade keine Schiedsinstitution. Stattdessen ist die Ernennende Stelle in jedem Verfahren frei

290 Auch das SCC hat neue Regeln für die Einsetzung eines „Notfallschiedsrichters“ in Anhang II der Schiedsverfahrensregeln inkorporiert.

291 *Blackaby / Partasides* in: Redfern / Hunter, Redfern and Hunter on International Arbitration, para. 1.184.

292 Art. 23 ICC.

wählbar. Im Novellierungsprozess gab es Überlegungen, den PCA direkt als Ernennende Stelle zu bestimmen. Doch damit wäre auch dieser Unterschied zu den institutionellen Schiedsverfahrensregeln gänzlich aufgelöst worden. Die weiterhin bestehende Wahlmöglichkeit für die Parteien ist eine überaus flexible Lösung. Sie führt jedoch zu den festgestellten Unterschieden mit den institutionellen Schiedsverfahrensregeln bei der Zusendung der Klage zur Einleitung des Verfahrens, der höheren Arbeitsbelastung des Schiedsgerichts ohne Sekretär bei der Organisation des Verfahrens sowie der Bestimmung des Vorsitzenden des Schiedsgerichts. Auch die Regeln zur Entscheidung über die Zuständigkeit und den Sitz des Schiedsverfahrens sowie der besondere Mechanismus zur Kostenüberprüfung ist ein Ergebnis der fehlenden Festlegung auf eine Ernennende Stelle, auch wenn diese Unterschiede für die Schiedspraxis wenige Auswirkungen haben werden.

Doch sollte allein die fehlende Festlegung auf eine Schiedsinstitution der Grund dafür sein, die UNCITRAL Schiedsverfahrensregeln als ad hoc Schiedsverfahrensregeln zu bezeichnen? Zu beachten ist, dass die privaten Regelwerke von UNCITRAL und den Schiedsinstitutionen in ihrem Grundsatz alle für solche ad hoc Schiedsverfahren konzipiert wurden. Die Grundlage aller Schiedsverfahren sind die anwendbaren nationalen Schiedsgesetze. Doch durch die Einigung der Parteien auf die UNCITRAL Schiedsverfahrensregeln oder die institutionellen Schiedsverfahrensregeln wird ein zusätzliches Regelwerk als Ergänzung zu den nationalen Schiedsgesetzen eingeführt. Diese werden sozusagen über das ursprüngliche ad hoc Schiedsverfahren „gestülpt". Da das Ausmaß der Eingriffsmöglichkeiten von außen vergleichbar ist, wird das Verfahren nach allen angeführten Regelwerken in gleichem Maße institutionalisiert.

Zusätzlich ist darauf hinzuweisen, dass während des Schiedsverfahrens unter UNCITRAL Schiedsverfahrensregeln eine Ernennende Stelle regelmäßig bereit steht. Dafür sorgt neben der Modellklausel auch der neue Art. 6 der UNCITRAL Schiedsverfahrensregeln mit seinem Mechanismus zur Bestimmung der Ernennenden Stelle. Diese kann unmittelbar in das Schiedsverfahren eingreifen – und in diesen Fällen eben nicht direkt ein staatliches Gericht wie unter nationalen Schiedsgesetzen. Die besondere Charakteristik eines reinen ad hoc Schiedsverfahrens sollte daher vielmehr darin liegen, dass ein solches alleine mit der Unterstützung staatlicher Gerichte durchgeführt wird. Im Gegensatz dazu ist die Ernennende Stelle erste Überprüfungsinstanz des

Schiedsverfahrens unter UNCITRAL Schiedsverfahrensregeln. Damit haben die UNCITRAL Schiedsverfahrensregeln mit den institutionellen Schiedsverfahrensregeln gemeinsam, dass sie den Weg vor die staatlichen Gerichte als erste Anlaufstelle der Parteien innerhalb des Schiedsverfahrens blockieren und stattdessen eine effektivere Lösungsmöglichkeit für die „Sollbruchstellen" des Schiedsverfahrens schaffen. Dazu zählen die in Teil C ausgeführten Bereiche, in denen die Ernennende Stelle besondere Kompetenzen übertragen bekommt, um das Verfahren zu unterstützen – also Fragen der Zusammensetzung des Schiedsgerichts, der Zuständigkeit und des Sitzes, der Verbindung mehrerer Verfahren, der Bestimmung des anwendbaren Rechts, der Administration des Verfahrens und der Möglichkeit die Kosten des Verfahrens überprüfen zu lassen. Mit anderen Worten: Durch die Anwendung zusätzlicher Schiedsverfahrensregeln wird das in ad hoc Schiedsverfahren vorherrschende Rechtsmonopol der staatlichen Gerichte gebrochen und auf eine außen stehende Einrichtung übertragen.

Damit gleichen die UNCITRAL Schiedsverfahrensregeln den institutionellen Schiedsverfahrensregeln in ihren Wirkungen auf das Schiedsverfahren. Sie „institutionalisieren" dieses und verhindern gleichzeitig den Weg zu den staatlichen Gerichten. Daher sollten sie nicht als ad hoc Schiedsverfahrensregeln bezeichnet werden. Vielleicht auch deswegen lassen die Erwägungsgründe zur novellierten Fassung der UNCITRAL Schiedsverfahrensregeln die ausdrückliche Einordnung als ad hoc Schiedsverfahrensregeln vermissen. Betrachtet man die umfassenden Unterstützungsmaßnahmen von Ernennender und Bestimmender Stelle für das Schiedsverfahren unter UNCITRAL Schiedsverfahrensregeln, bleibt allein die fehlende Festlegung auf eine Schiedsinstitution als Grundlage für die Weigerung, das novellierte Regelwerk von 2010 nicht als institutionelle Schiedsverfahrensregeln zu bezeichnen.

Die UNCITRAL Schiedsverfahrensregeln sind somit zwischen ad hoc und institutionellen Schiedsverfahren einzuordnen: von ihrem Ansatz von den institutionellen Schiedsverfahrensregeln zu unterscheiden, von ihrer Wirkung auf das Schiedsverfahren jedoch vergleichbar. Daher war die Qualifikation – um nochmals auf das eingangs angeführte Zitat Philippe Fouchards aus dem Jahre 1979 zurückzukommen – als „semi-institutionelle Schiedsverfahrensregeln" bereits vor 36 Jahren begründbar und ist durch die Stärkung von Ernennender und Bestimmender Stelle spätestens seit der Novellierung der UNCITRAL Schiedsverfahrensregel im Jahre 2010 gerechtfertigt.

Anhang

1. Die UNCITRAL Arbitration Rules 2010
2. Die Verwaltungsgebühren der Schiedsinstitutionen
3. Die Schiedsrichterhonorare in institutionellen Schiedsverfahren

Anhang I

UNCITRAL Arbitration Rules (as revised in 2010)

Section I. Introductory rules

Scope of application*

Article 1

1. Where parties have agreed that disputes between them in respect of a defined legal relationship, whether contractual or not, shall be referred to arbitration under the UNCITRAL Arbitration Rules, then such disputes shall be settled in accordance with these Rules subject to such modification as the parties may agree.
2. The parties to an arbitration agreement concluded after 15 August 2010 shall be presumed to have referred to the Rules in effect on the date of commencement of the arbitration, unless the parties have agreed to apply a particular version of the Rules. That presumption does not apply where the arbitration agreement has been concluded by accepting after 15 August 2010 an offer made before that date.
3. These Rules shall govern the arbitration except that where any of these Rules is in conflict with a provision of the law applicable to the arbitration from which the parties cannot derogate, that provision shall prevail.

---

* A model arbitration clause for contracts can be found in the annex to the Rules.

Notice and calculation of periods of time

Article 2

1. A notice, including a notification, communication or proposal, may be transmitted by any means of communication that provides or allows for a record of its transmission.
2. If an address has been designated by a party specifically for this purpose or authorized by the arbitral tribunal, any notice shall be delivered to that party at that address, and if so delivered shall be deemed to have been received. Delivery by electronic means such as facsimile or e-mail may only be made to an address so designated or authorized.
3. In the absence of such designation or authorization, a notice is: (a) Received if it is physically delivered to the addressee; or (b) Deemed to have been received if it is delivered at the place of business, habitual residence or mailing address of the addressee.
4. If, after reasonable efforts, delivery cannot be effected in accordance with paragraphs 2 or 3, a notice is deemed to have been received if it is sent to the addressee's last-known place of business, habitual residence or mailing address by registered letter or any other means that provides a record of delivery or of attempted delivery.
5. A notice shall be deemed to have been received on the day it is delivered in accordance with paragraphs 2, 3 or 4, or attempted to be delivered in accordance with paragraph 4. A notice transmitted by electronic means is deemed to have been received on the day it is sent, except that a notice of arbitration so transmitted is only deemed to have been received on the day when it reaches the addressee's electronic address.
6. For the purpose of calculating a period of time under these Rules, such period shall begin to run on the day following the day when a notice is received. If the last day of such period is an official holiday or a non-business day at the residence or place of business of the addressee, the period is extended until the first business day which follows. Official holidays or non-business days occurring during the running of the period of time are included in calculating the period.

Notice of arbitration

Article 3

1. The party or parties initiating recourse to arbitration (hereinafter called the "claimant") shall communicate to the other party or parties (hereinafter called the "respondent") a notice of arbitration.
2. Arbitral proceedings shall be deemed to commence on the date on which the notice of arbitration is received by the respondent.
3. The notice of arbitration shall include the following:
   (a) A demand that the dispute be referred to arbitration;
   (b) The names and contact details of the parties;
   (c) Identification of the arbitration agreement that is invoked;
   (d) Identification of any contract or other legal instrument out of or in relation to which the dispute arises or, in the absence of such contract or instrument, a brief description of the relevant relationship;
   (e) A brief description of the claim and an indication of the amount involved, if any;
   (f) The relief or remedy sought;
   (g) A proposal as to the number of arbitrators, language and place of arbitration, if the parties have not previously agreed thereon.
4. The notice of arbitration may also include:
   (a) A proposal for the designation of an appointing authority referred to in article 6, paragraph 1;
   (b) A proposal for the appointment of a sole arbitrator referred to in article 8, paragraph 1;
   (c) Notification of the appointment of an arbitrator referred to in article 9 or 10.
5. The constitution of the arbitral tribunal shall not be hindered by any controversy with respect to the sufficiency of the notice of arbitration, which shall be finally resolved by the arbitral tribunal.

Response to the notice of arbitration

Article 4

1. Within 30 days of the receipt of the notice of arbitration, the respondent shall communicate to the claimant a response to the notice of arbitration, which shall include:
   (a) The name and contact details of each respondent;
   (b) A response to the information set forth in the notice of arbitration, pursuant to article 3, paragraphs 3 (c) to (g).
2. The response to the notice of arbitration may also include:
   (a) Any plea that an arbitral tribunal to be constituted under these Rules lacks jurisdiction;
   (b) A proposal for the designation of an appointing authority referred to in article 6, paragraph 1;
   (c) A proposal for the appointment of a sole arbitrator referred to in article 8, paragraph 1;
   (d) Notification of the appointment of an arbitrator referred to in article 9 or 10;
   (e) A brief description of counterclaims or claims for the purpose of a set-off, if any, including where relevant, an indication of the amounts involved, and the relief or remedy sought;
   (f) A notice of arbitration in accordance with article 3 in case the respondent formulates a claim against a party to the arbitration agreement other than the claimant.
3. The constitution of the arbitral tribunal shall not be hindered by any controversy with respect to the respondent's failure to communicate a response to the notice of arbitration, or an incomplete or late response to the notice of arbitration, which shall be finally resolved by the arbitral tribunal.

Representation and assistance

Article 5

Each party may be represented or assisted by persons chosen by it. The names and addresses of such persons must be communicated to all parties and to the arbitral tribunal. Such communication must specify whether the appointment is being made for purposes of representation or assistance. Where a person is to act as a representative of a party, the arbitral tribunal, on its own initiative or at the request of any party, may at any time require proof of authority granted to the representative in such a form as the arbitral tribunal may determine.

Designating and appointing authorities

Article 6

1. Unless the parties have already agreed on the choice of an appointing authority, a party may at any time propose the name or names of one or more institutions or persons, including the Secretary-General of the Permanent Court of Arbitration at The Hague (hereinafter called the "PCA"), one of whom would serve as appointing authority.
2. If all parties have not agreed on the choice of an appointing authority within 30 days after a proposal made in accordance with paragraph 1 has been received by all other parties, any party may request the Secretary-General of the PCA to designate the appointing authority.
3. Where these Rules provide for a period of time within which a party must refer a matter to an appointing authority and no appointing authority has been agreed on or designated, the period is suspended from the date on which a party initiates the procedure for agreeing on or designating an appointing authority until the date of such agreement or designation.
4. Except as referred to in article 41, paragraph 4, if the appointing authority refuses to act, or if it fails to appoint an arbitrator within 30 days after it receives a party's request to do so, fails to act within any other period provided by these Rules, or fails to decide on a challenge to an arbitrator within a reasonable time after receiving a party's request to do so, any party may request the Secretary- General of the PCA to designate a substitute appointing authority.
5. In exercising their functions under these Rules, the appointing authority and the Secretary-General of the PCA may require from any party and the arbitrators the information they deem necessary and they shall give the parties and, where appropriate, the arbitrators, an opportunity to present their views in any manner they consider appropriate. All such

communications to and from the appointing authority and the Secretary-General of the PCA shall also be provided by the sender to all other parties.

6. When the appointing authority is requested to appoint an arbitrator pursuant to articles 8, 9, 10 or 14, the party making the request shall send to the appointing authority copies of the notice of arbitration and, if it exists, any response to the notice of arbitration.
7. The appointing authority shall have regard to such considerations as are likely to secure the appointment of an independent and impartial arbitrator and shall take into account the advisability of appointing an arbitrator of a nationality other than the nationalities of the parties.

Section II. Composition of the arbitral tribunal

Number of arbitrators

Article 7

1. If the parties have not previously agreed on the number of arbitrators, and if within 30 days after the receipt by the respondent of the notice of arbitration the parties have not agreed that there shall be only one arbitrator, three arbitrators shall be appointed.
2. Notwithstanding paragraph 1, if no other parties have responded to a party's proposal to appoint a sole arbitrator within the time limit provided for in paragraph 1 and the party or parties concerned have failed to appoint a second arbitrator in accordance with article 9 or 10, the appointing authority may, at the request of a party, appoint a sole arbitrator pursuant to the procedure provided for in article 8, paragraph 2, if it determines that, in view of the circumstances of the case, this is more appropriate.

Appointment of arbitrators (articles 8 to 10)

Article 8

1. If the parties have agreed that a sole arbitrator is to be appointed and if within 30 days after receipt by all other parties of a proposal for the appointment of a sole arbitrator the parties have not reached agreement thereon, a sole arbitrator shall, at the request of a party, be appointed by the appointing authority.

2. The appointing authority shall appoint the sole arbitrator as promptly as possible. In making the appointment, the appointing authority shall use the following list-procedure, unless the parties agree that the list-procedure should not be used or unless the appointing authority determines in its discretion that the use of the list-procedure is not appropriate for the case:
   (a) The appointing authority shall communicate to each of the parties an identical list containing at least three names;
   (b) Within 15 days after the receipt of this list, each party may return the list to the appointing authority after having deleted the name or names to which it objects and numbered the remaining names on the list in the order of its preference;
   (c) After the expiration of the above period of time the appointing authority shall appoint the sole arbitrator from among the names approved on the lists returned to it and in accordance with the order of preference indicated by the parties;
   (d) If for any reason the appointment cannot be made according to this procedure, the appointing authority may exercise its discretion in appointing the sole arbitrator.

Article 9

1. If three arbitrators are to be appointed, each party shall appoint one arbitrator. The two arbitrators thus appointed shall choose the third arbitrator who will act as the presiding arbitrator of the arbitral tribunal.
2. If within 30 days after the receipt of a party's notification of the appointment of an arbitrator the other party has not notified the first party of the arbitrator it has appointed, the first party may request the appointing authority to appoint the second arbitrator.
3. If within 30 days after the appointment of the second arbitrator the two arbitrators have not agreed on the choice of the presiding arbitrator, the presiding arbitrator shall be appointed by the appointing authority in the same way as a sole arbitrator would be appointed under article 8.

Article 10

1. For the purposes of article 9, paragraph 1, where three arbitrators are to be appointed and there are multiple parties as claimant or as respondent, unless the parties have agreed to another method of appointment of arbitrators, the multiple parties jointly, whether as claimant or as respondent, shall appoint an arbitrator.
2. If the parties have agreed that the arbitral tribunal is to be composed of a number of arbitrators other than one or three, the arbitrators shall be appointed according to the method agreed upon by the parties.
3. In the event of any failure to constitute the arbitral tribunal under these Rules, the appointing authority shall, at the request of any party, constitute the arbitral tribunal and, in doing so, may revoke any appointment already made and appoint or reappoint each of the arbitrators and designate one of them as the presiding arbitrator.

Disclosures by and challenge of arbitrators (articles 11 to 13)**

Article 11

When a person is approached in connection with his or her possible appointment as an arbitrator, he or she shall disclose any circumstances likely to give rise to justifiable doubts as to his or her impartiality or independence. An arbitrator, from the time of his or her appointment and throughout the arbitral proceedings, shall without delay disclose any such circumstances to the parties and the other arbitrators unless they have already been informed by him or her of these circumstances.

** Model statements of independence pursuant to article 11 can be found in the annex to the Rules.

Article 12

1. Any arbitrator may be challenged if circumstances exist that give rise to justifiable doubts as to the arbitrator's impartiality or independence.
2. A party may challenge the arbitrator appointed by it only for reasons of which it becomes aware after the appointment has been made.
3. In the event that an arbitrator fails to act or in the event of the de jure or de facto impossibility of his or her performing his or her functions, the procedure in respect of the challenge of an arbitrator as provided in article 13 shall apply.

Article 13

1. A party that intends to challenge an arbitrator shall send notice of its challenge within 15 days after it has been notified of the appointment of the challenged arbitrator, or within 15 days after the circumstances mentioned in articles 11 and 12 became known to that party.
2. The notice of challenge shall be communicated to all other parties, to the arbitrator who is challenged and to the other arbitrators. The notice of challenge shall state the reasons for the challenge.
3. When an arbitrator has been challenged by a party, all parties may agree to the challenge. The arbitrator may also, after the challenge, withdraw from his or her office. In neither case does this imply acceptance of the validity of the grounds for the challenge.
4. If, within 15 days from the date of the notice of challenge, all parties do not agree to the challenge or the challenged arbitrator does not withdraw, the party making the challenge may elect to pursue it. In that case, within 30 days from the date of the notice of challenge, it shall seek a decision on the challenge by the appointing authority.

Replacement of an arbitrator

Article 14

1. Subject to paragraph 2, in any event where an arbitrator has to be replaced during the course of the arbitral proceedings, a substitute arbitrator shall be appointed or chosen pursuant to the procedure provided for in articles 8 to 11 that was applicable to the appointment or choice of the

arbitrator being replaced. This procedure shall apply even if during the process of appointing the arbitrator to be replaced, a party had failed to exercise its right to appoint or to participate in the appointment.

2. If, at the request of a party, the appointing authority determines that, in view of the exceptional circumstances of the case, it would be justified for a party to be deprived of its right to appoint a substitute arbitrator, the appointing authority may, after giving an opportunity to the parties and the remaining arbitrators to express their views: (a) appoint the substitute arbitrator; or (b) after the closure of the hearings, authorize the other arbitrators to proceed with the arbitration and make any decision or award.

Repetition of hearings in the event of the replacement of an arbitrator

Article 15

If an arbitrator is replaced, the proceedings shall resume at the stage where the arbitrator who was replaced ceased to perform his or her functions, unless the arbitral tribunal decides otherwise.

Exclusion of liability

Article 16

Save for intentional wrongdoing, the parties waive, to the fullest extent permitted under the applicable law, any claim against the arbitrators, the appointing authority and any person appointed by the arbitral tribunal based on any act or omission in connection with the arbitration.

Section III. Arbitral proceedings

General provisions

Article 17

1. Subject to these Rules, the arbitral tribunal may conduct the arbitration in such manner as it considers appropriate, provided that the parties are treated with equality and that at an appropriate stage of the proceedings each party is given a reasonable opportunity of presenting its case. The arbitral tribunal, in exercising its discretion, shall conduct the proceedings so as to avoid unnecessary delay and expense and to provide a fair and efficient process for resolving the parties' dispute.

2. As soon as practicable after its constitution and after inviting the parties to express their views, the arbitral tribunal shall establish the provisional timetable of the arbitration. The arbitral tribunal may, at any time, after inviting the parties to express their views, extend or abridge any period of time prescribed under these Rules or agreed by the parties.
3. If at an appropriate stage of the proceedings any party so requests, the arbitral tribunal shall hold hearings for the presentation of evidence by witnesses, including expert witnesses, or for oral argument. In the absence of such a request, the arbitral tribunal shall decide whether to hold such hearings or whether the proceedings shall be conducted on the basis of documents and other materials.
4. All communications to the arbitral tribunal by one party shall be communicated by that party to all other parties. Such communications shall be made at the same time, except as otherwise permitted by the arbitral tribunal if it may do so under applicable law.
5. The arbitral tribunal may, at the request of any party, allow one or more third persons to be joined in the arbitration as a party provided such person is a party to the arbitration agreement, unless the arbitral tribunal finds, after giving all parties, including the person or persons to be joined, the opportunity to be heard, that joinder should not be permitted because of prejudice to any of those parties. The arbitral tribunal may make a single award or several awards in respect of all parties so involved in the arbitration.

Place of arbitration

Article 18

1. If the parties have not previously agreed on the place of arbitration, the place of arbitration shall be determined by the arbitral tribunal having regard to the circumstances of the case. The award shall be deemed to have been made at the place of arbitration.
2. The arbitral tribunal may meet at any location it considers appropriate for deliberations. Unless otherwise agreed by the parties, the arbitral tribunal may also meet at any location it considers appropriate for any other purpose, including hearings.

Language

Article 19

1. Subject to an agreement by the parties, the arbitral tribunal shall, promptly after its appointment, determine the language or languages to be used in the proceedings. This determination shall apply to the statement of claim, the statement of defence, and any further written statements and, if oral hearings take place, to the language or languages to be used in such hearings.
2. The arbitral tribunal may order that any documents annexed to the statement of claim or statement of defence, and any supplementary documents or exhibits submitted in the course of the proceedings, delivered in their original language, shall be accompanied by a translation into the language or languages agreed upon by the parties or determined by the arbitral tribunal.

Statement of claim

Article 20

1. The claimant shall communicate its statement of claim in writing to the respondent and to each of the arbitrators within a period of time to be determined by the arbitral tribunal. The claimant may elect to treat its notice of arbitration referred to in article 3 as a statement of claim, provided that the notice of arbitration also complies with the requirements of paragraphs 2 to 4 of this article.
2. The statement of claim shall include the following particulars:
   (a) The names and contact details of the parties;
   (b) A statement of the facts supporting the claim;
   (c) The points at issue;
   (d) The relief or remedy sought;
   (e) The legal grounds or arguments supporting the claim.
3. A copy of any contract or other legal instrument out of or in relation to which the dispute arises and of the arbitration agreement shall be annexed to the statement of claim.

4. The statement of claim should, as far as possible, be accompanied by all documents and other evidence relied upon by the claimant, or contain references to them.

Statement of defence

Article 21

1. The respondent shall communicate its statement of defence in writing to the claimant and to each of the arbitrators within a period of time to be determined by the arbitral tribunal. The respondent may elect to treat its response to the notice of arbitration referred to in article 4 as a statement of defence, provided that the response to the notice of arbitration also complies with the requirements of paragraph 2 of this article.
2. The statement of defence shall reply to the particulars (b) to (e) of the statement of claim (art. 20, para. 2). The statement of defence should, as far as possible, be accompanied by all documents and other evidence relied upon by the respondent, or contain references to them.
3. In its statement of defence, or at a later stage in the arbitral proceedings if the arbitral tribunal decides that the delay was justified under the circumstances, the respondent may make a counterclaim or rely on a claim for the purpose of a set-off provided that the arbitral tribunal has jurisdiction over it.
4. The provisions of article 20, paragraphs 2 to 4, shall apply to a counterclaim, a claim under article 4, paragraph 2 (f), and a claim relied on for the purpose of a set-off.

Amendments to the claim or defence

Article 22

During the course of the arbitral proceedings, a party may amend or supplement its claim or defence, including a counterclaim or a claim for the purpose of a set-off, unless the arbitral tribunal considers it inappropriate to allow such amendment or supplement having regard to the delay in making it or prejudice to other parties or any other circumstances. However, a claim or defence, including a counterclaim or a claim for the purpose of a set-off, may not be amended or supplemented in such a manner that the amended or supplemented claim or defence falls outside the jurisdiction of the arbitral tribunal.

Pleas as to the jurisdiction of the arbitral tribunal

Article 23

1. The arbitral tribunal shall have the power to rule on its own jurisdiction, including any objections with respect to the existence or validity of the arbitration agreement. For that purpose, an arbitration clause that forms part of a contract shall be treated as an agreement independent of the other terms of the contract. A decision by the arbitral tribunal that the contract is null shall not entail automatically the invalidity of the arbitration clause.
2. A plea that the arbitral tribunal does not have jurisdiction shall be raised no later than in the statement of defence or, with respect to a counterclaim or a claim for the purpose of a set-off, in the reply to the counterclaim or to the claim for the purpose of a set-off. A party is not precluded from raising such a plea by the fact that it has appointed, or participated in the appointment of, an arbitrator. A plea that the arbitral tribunal is exceeding the scope of its authority shall be raised as soon as the matter alleged to be beyond the scope of its authority is raised during the arbitral proceedings. The arbitral tribunal may, in either case, admit a later plea if it considers the delay justified.
3. The arbitral tribunal may rule on a plea referred to in paragraph 2 either as a preliminary question or in an award on the merits. The arbitral tribunal may continue the arbitral proceedings and make an award, notwithstanding any pending challenge to its jurisdiction before a court.

Further written statements

Article 24

The arbitral tribunal shall decide which further written statements, in addition to the statement of claim and the statement of defence, shall be required from the parties or may be presented by them and shall fix the periods of time for communicating such statements.

Periods of time

Article 25

The periods of time fixed by the arbitral tribunal for the communication of written statements (including the statement of claim and statement of defence) should not exceed 45 days. However, the arbitral tribunal may extend the time limits if it concludes that an extension is justified.

Interim measures

Article 26

1. The arbitral tribunal may, at the request of a party, grant interim measures.
2. An interim measure is any temporary measure by which, at any time prior to the issuance of the award by which the dispute is finally decided, the arbitral tribunal orders a party, for example and without limitation, to:
   (a) Maintain or restore the status quo pending determination of the dispute;
   (b) Take action that would prevent, or refrain from taking action that is likely to cause, (i) current or imminent harm or (ii) prejudice to the arbitral process itself;
   (c) Provide a means of preserving assets out of which a subsequent award may be satisfied; or
   (d) Preserve evidence that may be relevant and material to the resolution of the dispute.
3. The party requesting an interim measure under paragraphs 2 (a) to (c) shall satisfy the arbitral tribunal that:
   (a) Harm not adequately reparable by an award of damages is likely to result if the measure is not ordered, and such harm substantially outweighs the harm that is likely to result to the party against whom the measure is directed if the measure is granted; and
   (b) There is a reasonable possibility that the requesting party will succeed on the merits of the claim. The determination on this possibility shall not affect the discretion of the arbitral tribunal in making any subsequent determination.

4. With regard to a request for an interim measure under paragraph 2 (d), the requirements in paragraphs 3 (a) and (b) shall apply only to the extent the arbitral tribunal considers appropriate.
5. The arbitral tribunal may modify, suspend or terminate an interim measure it has granted, upon application of any party or, in exceptional circumstances and upon prior notice to the parties, on the arbitral tribunal's own initiative.
6. The arbitral tribunal may require the party requesting an interim measure to provide appropriate security in connection with the measure.
7. The arbitral tribunal may require any party promptly to disclose any material change in the circumstances on the basis of which the interim measure was requested or granted.
8. The party requesting an interim measure may be liable for any costs and damages caused by the measure to any party if the arbitral tribunal later determines that, in the circumstances then prevailing, the measure should not have been granted. The arbitral tribunal may award such costs and damages at any point during the proceedings.
9. A request for interim measures addressed by any party to a judicial authority shall not be deemed incompatible with the agreement to arbitrate, or as a waiver of that agreement.

Evidence

Article 27

1. Each party shall have the burden of proving the facts relied on to support its claim or defence.
2. Witnesses, including expert witnesses, who are presented by the parties to testify to the arbitral tribunal on any issue of fact or expertise may be any individual, notwithstanding that the individual is a party to the arbitration or in any way related to a party. Unless otherwise directed by the arbitral tribunal, statements by witnesses, including expert witnesses, may be presented in writing and signed by them.
3. At any time during the arbitral proceedings the arbitral tribunal may require the parties to produce documents, exhibits or other evidence within such a period of time as the arbitral tribunal shall determine.

4. The arbitral tribunal shall determine the admissibility, relevance, materiality and weight of the evidence offered.

Hearings

Article 28

1. In the event of an oral hearing, the arbitral tribunal shall give the parties adequate advance notice of the date, time and place thereof.
2. Witnesses, including expert witnesses, may be heard under the conditions and examined in the manner set by the arbitral tribunal.
3. Hearings shall be held in camera unless the parties agree otherwise. The arbitral tribunal may require the retirement of any witness or witnesses, including expert witnesses, during the testimony of such other witnesses, except that a witness, including an expert witness, who is a party to the arbitration shall not, in principle, be asked to retire.
4. The arbitral tribunal may direct that witnesses, including expert witnesses, be examined through means of telecommunication that do not require their physical presence at the hearing (such as videoconference).

Experts appointed by the arbitral tribunal

Article 29

1. After consultation with the parties, the arbitral tribunal may appoint one or more independent experts to report to it, in writing, on specific issues to be determined by the arbitral tribunal. A copy of the expert's terms of reference, established by the arbitral tribunal, shall be communicated to the parties.
2. The expert shall, in principle before accepting appointment, submit to the arbitral tribunal and to the parties a description of his or her qualifications and a statement of his or her impartiality and independence. Within the time ordered by the arbitral tribunal, the parties shall inform the arbitral tribunal whether they have any objections as to the expert's qualifications, impartiality or independence. The arbitral tribunal shall decide promptly whether to accept any such objections. After an expert's appointment, a party may object to the expert's qualifications, impartiality or independence only if the objection is for reasons of which the

party becomes aware after the appointment has been made. The arbitral tribunal shall decide promptly what, if any, action to take.

3. The parties shall give the expert any relevant information or produce for his or her inspection any relevant documents or goods that he or she may require of them. Any dispute between a party and such expert as to the relevance of the required information or production shall be referred to the arbitral tribunal for decision.
4. Upon receipt of the expert's report, the arbitral tribunal shall communicate a copy of the report to the parties, which shall be given the opportunity to express, in writing, their opinion on the report. A party shall be entitled to examine any document on which the expert has relied in his or her report.
5. At the request of any party, the expert, after delivery of the report, may be heard at a hearing where the parties shall have the opportunity to be present and to interrogate the expert. At this hearing, any party may present expert witnesses in order to testify on the points at issue. The provisions of article 28 shall be applicable to such proceedings.

Default

Article 30

1. If, within the period of time fixed by these Rules or the arbitral tribunal, without showing sufficient cause:
   (a) The claimant has failed to communicate its statement of claim, the arbitral tribunal shall issue an order for the termination of the arbitral proceedings, unless there are remaining matters that may need to be decided and the arbitral tribunal considers it appropriate to do so;
   (b) The respondent has failed to communicate its response to the notice of arbitration or its statement of defence, the arbitral tribunal shall order that the proceedings continue, without treating such failure in itself as an admission of the claimant's allegations; the provisions of this subparagraph also apply to a claimant's failure to submit a defence to a counterclaim or to a claim for the purpose of a set-off.
2. If a party, duly notified under these Rules, fails to appear at a hearing, without showing sufficient cause for such failure, the arbitral tribunal may proceed with the arbitration.

3. If a party, duly invited by the arbitral tribunal to produce documents, exhibits or other evidence, fails to do so within the established period of time, without showing sufficient cause for such failure, the arbitral tribunal may make the award on the evidence before it.

Closure of hearings

Article 31

1. The arbitral tribunal may inquire of the parties if they have any further proof to offer or witnesses to be heard or submissions to make and, if there are none, it may declare the hearings closed.
2. The arbitral tribunal may, if it considers it necessary owing to exceptional circumstances, decide, on its own initiative or upon application of a party, to reopen the hearings at any time before the award is made.

Waiver of right to object

Article 32

A failure by any party to object promptly to any non-compliance with these Rules or with any requirement of the arbitration agreement shall be deemed to be a waiver of the right of such party to make such an objection, unless such party can show that, under the circumstances, its failure to object was justified.

Section IV. The award

Decisions

Article 33

1. When there is more than one arbitrator, any award or other decision of the arbitral tribunal shall be made by a majority of the arbitrators.
2. In the case of questions of procedure, when there is no majority or when the arbitral tribunal so authorizes, the presiding arbitrator may decide alone, subject to revision, if any, by the arbitral tribunal.

Form and effect of the award

Article 34

1. The arbitral tribunal may make separate awards on different issues at different times.
2. All awards shall be made in writing and shall be final and binding on the parties. The parties shall carry out all awards without delay.
3. The arbitral tribunal shall state the reasons upon which the award is based, unless the parties have agreed that no reasons are to be given.
4. An award shall be signed by the arbitrators and it shall contain the date on which the award was made and indicate the place of arbitration. Where there is more than one arbitrator and any of them fails to sign, the award shall state the reason for the absence of the signature.
5. An award may be made public with the consent of all parties or where and to the extent disclosure is required of a party by legal duty, to protect or pursue a legal right or in relation to legal proceedings before a court or other competent authority.
6. Copies of the award signed by the arbitrators shall be communicated to the parties by the arbitral tribunal.

Applicable law, amiable compositeur

Article 35

1. The arbitral tribunal shall apply the rules of law designated by the parties as applicable to the substance of the dispute. Failing such designation by the parties, the arbitral tribunal shall apply the law which it determines to be appropriate.
2. The arbitral tribunal shall decide as amiable compositeur or ex aequo et bono only if the parties have expressly authorized the arbitral tribunal to do so.
3. In all cases, the arbitral tribunal shall decide in accordance with the terms of the contract, if any, and shall take into account any usage of trade applicable to the transaction.

Settlement or other grounds for termination

Article 36

1. If, before the award is made, the parties agree on a settlement of the dispute, the arbitral tribunal shall either issue an order for the termination of the arbitral proceedings or, if requested by the parties and accepted by the arbitral tribunal, record the settlement in the form of an arbitral award on agreed terms. The arbitral tribunal is not obliged to give reasons for such an award.
2. If, before the award is made, the continuation of the arbitral proceedings becomes unnecessary or impossible for any reason not mentioned in paragraph 1, the arbitral tribunal shall inform the parties of its intention to issue an order for the termination of the proceedings. The arbitral tribunal shall have the power to issue such an order unless there are remaining matters that may need to be decided and the arbitral tribunal considers it appropriate to do so.
3. Copies of the order for termination of the arbitral proceedings or of the arbitral award on agreed terms, signed by the arbitrators, shall be communicated by the arbitral tribunal to the parties. Where an arbitral award on agreed terms is made, the provisions of article 34, paragraphs 2, 4 and 5, shall apply.

Interpretation of the award

Article 37

1. Within 30 days after the receipt of the award, a party, with notice to the other parties, may request that the arbitral tribunal give an interpretation of the award.
2. The interpretation shall be given in writing within 45 days after the receipt of the request. The interpretation shall form part of the award and the provisions of article 34, paragraphs 2 to 6, shall apply.

Correction of the award

Article 38

1. Within 30 days after the receipt of the award, a party, with notice to the other parties, may request the arbitral tribunal to correct in the award any error in computation, any clerical or typographical error, or any error or omission of a similar nature. If the arbitral tribunal considers that the request is justified, it shall make the correction within 45 days of receipt of the request.
2. The arbitral tribunal may within 30 days after the communication of the award make such corrections on its own initiative.
3. Such corrections shall be in writing and shall form part of the award. The provisions of article 34, paragraphs 2 to 6, shall apply.

Additional award

Article 39

1. Within 30 days after the receipt of the termination order or the award, a party, with notice to the other parties, may request the arbitral tribunal to make an award or an additional award as to claims presented in the arbitral proceedings but not decided by the arbitral tribunal.
2. If the arbitral tribunal considers the request for an award or additional award to be justified, it shall render or complete its award within 60 days after the receipt of the request. The arbitral tribunal may extend, if necessary, the period of time within which it shall make the award.
3. When such an award or additional award is made, the provisions of article 34, paragraphs 2 to 6, shall apply.

Definition of costs

Article 40

1. The arbitral tribunal shall fix the costs of arbitration in the final award and, if it deems appropriate, in another decision.
2. The term "costs" includes only:
   (a) The fees of the arbitral tribunal to be stated separately as to each arbitrator and to be fixed by the tribunal itself in accordance with article 41;

(b) The reasonable travel and other expenses incurred by the arbitrators;
(c) The reasonable costs of expert advice and of other assistance required by the arbitral tribunal;
(d) The reasonable travel and other expenses of witnesses to the extent such expenses are approved by the arbitral tribunal;
(e) The legal and other costs incurred by the parties in relation to the arbitration to the extent that the arbitral tribunal determines that the amount of such costs is reasonable;
(f) Any fees and expenses of the appointing authority as well as the fees and expenses of the Secretary-General of the PCA.

3. In relation to interpretation, correction or completion of any award under articles 37 to 39, the arbitral tribunal may charge the costs referred to in paragraphs 2 (b) to (f), but no additional fees.

Fees and expenses of arbitrators

Article 41

1. The fees and expenses of the arbitrators shall be reasonable in amount, taking into account the amount in dispute, the complexity of the subject matter, the time spent by the arbitrators and any other relevant circumstances of the case.
2. If there is an appointing authority and it applies or has stated that it will apply a schedule or particular method for determining the fees for arbitrators in international cases, the arbitral tribunal in fixing its fees shall take that schedule or method into account to the extent that it considers appropriate in the circumstances of the case.
3. Promptly after its constitution, the arbitral tribunal shall inform the parties as to how it proposes to determine its fees and expenses, including any rates it intends to apply. Within 15 days of receiving that proposal, any party may refer the proposal to the appointing authority for review. If, within 45 days of receipt of such a referral, the appointing authority finds that the proposal of the arbitral tribunal is inconsistent with paragraph 1, it shall make any necessary adjustments thereto, which shall be binding upon the arbitral tribunal.
4. (a) When informing the parties of the arbitrators' fees and expenses that have been fixed pursuant to article 40, paragraphs 2 (a) and

(b), the arbitral tribunal shall also explain the manner in which the corresponding amounts have been calculated;

(b) Within 15 days of receiving the arbitral tribunal's determination of fees and expenses, any party may refer for review such determination to the appointing authority. If no appointing authority has been agreed upon or designated, or if the appointing authority fails to act within the time specified in these Rules, then the review shall be made by the Secretary-General of the PCA;

(c) If the appointing authority or the Secretary-General of the PCA finds that the arbitral tribunal's determination is inconsistent with the arbitral tribunal's proposal (and any adjustment thereto) under paragraph 3 or is otherwise manifestly excessive, it shall, within 45 days of receiving such a referral, make any adjustments to the arbitral tribunal's determination that are necessary to satisfy the criteria in paragraph 1. Any such adjustments shall be binding upon the arbitral tribunal;

(d) Any such adjustments shall either be included by the arbitral tribunal in its award or, if the award has already been issued, be implemented in a correction to the award, to which the procedure of article 38, paragraph 3, shall apply.

5. Throughout the procedure under paragraphs 3 and 4, the arbitral tribunal shall proceed with the arbitration, in accordance with article 17, paragraph 1.
6. A referral under paragraph 4 shall not affect any determination in the award other than the arbitral tribunal's fees and expenses; nor shall it delay the recognition and enforcement of all parts of the award other than those relating to the determination of the arbitral tribunal's fees and expenses.

Allocation of costs

Article 42

1. The costs of the arbitration shall in principle be borne by the unsuccessful party or parties. However, the arbitral tribunal may apportion each of such costs between the parties if it determines that apportionment is reasonable, taking into account the circumstances of the case.

2. The arbitral tribunal shall in the final award or, if it deems appropriate, in any other award, determine any amount that a party may have to pay to another party as a result of the decision on allocation of costs.

Deposit of costs

Article 43

1. The arbitral tribunal, on its establishment, may request the parties to deposit an equal amount as an advance for the costs referred to in article 40, paragraphs 2 (a) to (c).
2. During the course of the arbitral proceedings the arbitral tribunal may request supplementary deposits from the parties.
3. If an appointing authority has been agreed upon or designated, and when a party so requests and the appointing authority consents to perform the function, the arbitral tribunal shall fix the amounts of any deposits or supplementary deposits only after consultation with the appointing authority, which may make any comments to the arbitral tribunal that it deems appropriate concerning the amount of such deposits and supplementary deposits.
4. If the required deposits are not paid in full within 30 days after the receipt of the request, the arbitral tribunal shall so inform the parties in order that one or more of them may make the required payment. If such payment is not made, the arbitral tribunal may order the suspension or termination of the arbitral proceedings.
5. After a termination order or final award has been made, the arbitral tribunal shall render an accounting to the parties of the deposits received and return any unexpended balance to the parties.

Annex

Model arbitration clause for contracts
Any dispute, controversy or claim arising out of or relating to this contract, or the breach, termination or invalidity thereof, shall be settled by arbitration in accordance with the UNCITRAL Arbitration Rules.

Note. Parties should consider adding:

(a) The appointing authority shall be ... [name of institution or person];

(b) The number of arbitrators shall be ... [one or three];
(c) The place of arbitration shall be ... [town and country];
(d) The language to be used in the arbitral proceedings shall be ... .

Possible waiver statement

Note. If the parties wish to exclude recourse against the arbitral award that may be available under the applicable law, they may consider adding a provision to that effect as suggested below, considering, however, that the effectiveness and conditions of such an exclusion depend on the applicable law.

Waiver: The parties hereby waive their right to any form of recourse against an award to any court or other competent authority, insofar as such waiver can validly be made under the applicable law.

Model statements of independence pursuant to article 11 of the Rules

No circumstances to disclose: I am impartial and independent of each of the parties and intend to remain so. To the best of my knowledge, there are no circumstances, past or present, likely to give rise to justifiable doubts as to my impartiality or independence. I shall promptly notify the parties and the other arbitrators of any such circumstances that may subsequently come to my attention during this arbitration.

Circumstances to disclose: I am impartial and independent of each of the parties and intend to remain so. Attached is a statement made pursuant to article 11 of the UNCITRAL Arbitration Rules of (a) my past and present professional, business and other relationships with the parties and (b) any other relevant circumstances. [Include statement.] I confirm that those circumstances do not affect my independence and impartiality. I shall promptly notify the parties and the other arbitrators of any such further relationships or circumstances that may subsequently come to my attention during this arbitration.

Note. Any party may consider requesting from the arbitrator the following addition to the statement of independence:

I confirm, on the basis of the information presently available to me, that I can devote the time necessary to conduct this arbitration diligently, efficiently and in accordance with the time limits in the Rules.

Anhang II

Verwaltungsgebühren der Schiedsinstitutionen

1. ICC (Kostentabelle in Anhang III ICC; in US-Dollar)

Streitwert	Verwaltungskosten
bis zu 50.000	3.000
von 50.001 bis 100.000	3.000 + 4,73% des 50.000 üB[†]
von 100.001 bis 200.000	5.365 + 2,53% des 100.000 üB
von 200.001 bis 500.000	7.895 + 2,09% des 200.000 üB
von 500.001 bis 1.000.000	14.165 + 1,51% des 500.000 üB
von 1.000.001 bis 2.000.000	21.715 + 0,95% des 1.000.000 üB
von 2.000.001 bis 5.000.000	31.215 + 0,46% des 2.000.000 üB
von 5.000.001 bis 10.000.000	45.015 + 0,25% des 5.000.000 üB
von 10.000.001 bis 30.000.000	57.515 + 0,10% des 10.000.000 üB
von 30.000.001 bis 50.000.000	77.515 + 0,09% des 30.000.000 üB
von 50.000.001 bis 80.000.000	95.515 + 0,01% des 50.000.000 üB
von 80.000.001 bis 100.000.000	98.515 + 0,0035% des 80.000.000 üB
von 100.000.001 bis 500.000.000	99.215 + 0,0035% des 100.000.000 üB
über 500.000.000	113.215

2. SCC (Kostentabelle in Anhang III SCC; in EUR)

Streitwert	Bearbeitungsgebühr
bis 25.000	1.500
von 25.001 bis 50 000	1.500 + 4 % auf den Betrag über 25.000
von 50.001 bis 100.000	2.500 + 2 % auf den Betrag über 50.000
von 100.001 bis 500.000	3.500 + 1,6 % auf den Betrag über 100.000
von 500.001 bis 1.000.000	9.900 + 0,8 % auf den Betrag über 500.000
von 1.000.001 bis 2.000.000	13.900 + 0,5 % auf den Betrag über 1.000.000
von 2.000.001 bis 5.000.000	18.900 + 0,1 % auf den Betrag über 2.000.000
von 5.000.001 bis 10.000.000	21.900 + 0,14 % auf den Betrag über 5.000.000
von 10.000.001 bis 50.000.000	28.900 + 0,02 % auf den Betrag über 10.000.000
von 50.000.001 bis 75.000.000	36.900 + 0,02 % auf den Betrag über 50.000.000
von 75.000.001	41.900 + 0,01 % auf den Betrag über 75.000.000
Höchstens 60.000	

3. DIS (Kostentabelle in Anlage zu § 40.5 DIS; in EUR)

Nr. 18. die DIS-Bearbeitungsgebühr beträgt bei Streitwerten bis 50.000,00 € 2 % des Streitwerts; bei Streitwerten über 50.000,00 € bis 1.000.000,00 € beträgt sie 1.000,00 € plus 1 % des 50.000,00 € übersteigenden Betrags; bei Streitwerten über 1.000.000,00 € beträgt sie 10.500,00 € plus 0,5 % des 1.000.000,00 € übersteigenden Betrags. Die DIS-Bearbeitungsgebühr beträgt mindestens 350,00 €, höchstens 25.000,00 €;

bei Einreichung einer Widerklage sind die Streitwerte von Klage und Widerklage für die Bemessung der Bearbeitungsgebühr zu addieren. Die DIS-Bearbeitungsgebühr für eine Widerklage berechnet sich nach dem erhöhten Streitwert abzüglich der für die Klage entstandenen DIS-Bearbeitungsgebühr;

die Bearbeitungsgebühr für eine Widerklage beträgt mindestens 350,00 €. Der Höchstbetrag der DIS-Bearbeitungsgebühr für Klage und Widerklage beträgt 37.500,00 €;

Sind an einem schiedsrichterlichen Verfahren mehr als zwei Parteien beteiligt, so erhöht sich die in dieser Gebührentabelle aufgeführte DIS-Bearbeitungsgebühr um 20 % für jede zusätzliche Partei. Die Bearbeitungsgebühr beträgt höchstens 37.500,00 €;

Anhang III

Schiedsrichterhonorare in institutionellen Schiedsverfahren

1. ICC (Kostentabelle in Anhang III ICC, in US-Dollar)

Streitwert	Schiedsrichterhonorar**	
	Minimum	Maximum
bis zu 50.000	3.000	18,0200% des Streitwerts
von 50.001 bis 100.000	3.000 + 2,6500% des 50.000 üB†	9.010 + 13,5680% des 50.000 üB*
von 100.001 bis 200.000	4.325 + 1,4310% des 100.000 üB	15.794 + 7,6850% des 100.000 üB
von 200.001 bis 500.000	5.756 + 1,3670% des 200.000 üB	23.479 + 6,8370% des 200.000 üB
von 500.001 bis 1.000.000	9.857 + 0,9540% des 500.000 üB	43.990 + 4,0280% des 500.000 üB
von 1.000.001 bis 2.000.000	14.627 + 0,6890% des 1.000.000 üB	64.130 + 3,6040% des 1.000.000 üB
von 2.000.001 bis 5.000.000	21.517 + 0,3750% des 2.000.000 üB	100.170 + 1,3910% des 2.000.000 üB
von 5.000.001 bis 10.000.000	32.767 + 0,1280% des 5.000.000 üB	141.900 + 0,9100% des 5.000.000 üB
von 10.000.001 bis 30.000.000	39.167 + 0,0640% des 10.000.000 üB	187.400 + 0,2410% des 10.000.000 üB
von 30.000.001 bis 50.000.000	51.967 + 0,0590% des 30.000.000 üB	235.600 + 0,2280% des 30.000.000 üB
von 50.000.001 bis 80.000.000	63.767 + 0,0330% des 50.000.000 üB	281.200 + 0,1570% des 50.000.000 üB
von 80.000.001 bis 100.000.000	73.667 + 0,0210% des 80.000.000 üB	328.300 + 0,1150% des 80.000.000 üB
von 100.000.001 bis 500.000.000	77.867 + 0,0110% des 100.000.000 üB	351.300 + 0,0580% des 100.000.000 üB
über 500.000.000	121.867 + 0,0100% des 500.000.000 üB	583.300 + 0,0400% des 500.000.000 üB

† übersteigenden Betrages.

2. SCC (Kostentabelle in Anhang III SCC; in EUR)

Streitwert	Vorsitzender des Schiedsgerichts / Einzelschiedsrichter	
	Mindestbetrag	Höchstbetrag
bis 25.000	2.500	5.500
von 25.001 bis 50 000	2.500 + 2 % auf den Betrag über 25.000	5.500 + 14 % auf den Betrag über 25.000
von 50.001 bis 100.000	3.000 + 2 % auf den Betrag über 50.000	9.000 + 4 % auf den Betrag über 50.000
von 100.001 bis 500.000	4.000 + 1 % auf den Betrag über 100.000	11.000 + 5 % auf den Betrag über 100.000
von 500.001 bis 1.000.000	8.000 + 0,8 % auf den Betrag über 500.000	31.000 + 2,4 % auf den Betrag über 500.000
von 1.000.001 bis 2.000.000	12.000 + 0,5 % auf den Betrag über 1.000.000	43.000 + 2,5 % auf den Betrag über 1.000.000
von 2.000.001 bis 5.000.000	17.000 + 0,2 % auf den Betrag über 2.000.000	68.000 + 0,8 % auf den Betrag über 2.000.000
von 5.000.001 bis 10.000.000	23.000 + 0,1 % auf den Betrag über 5.000.000	92.000 + 0,68 % auf den Betrag über 5.000.000
von 10.000.001 bis 50.000.000	28.000 + 0,03 % auf den Betrag über 10.000.000	126.000 + 0,15 % auf den Betrag über 10.000.000
von 50.000.001 bis 75.000.000	40.000 + 0,02 % auf den Betrag über 50.000.000	186.000 + 0,16 % auf den Betrag über 50.000.000
von 75.000.001 bis 100.000.000	45.000 + 0,012 % auf den Betrag über 75.000.000	226.000 + 0,02 % auf den Betrag über 75.000.000
von 100.000.001	vom Vorstand zu bestimmen	vom Vorstand zu bestimmen

3. **DIS** (Kostentabelle in Anlage zu § 40.5 DIS; in EUR)

Nr. 1. Streitwerte bis 5.000,00 EUR

Das Honorar für den Vorsitzenden des Schiedsgerichts oder den Einzelschiedsrichter beträgt 1.365,00 EUR und für jeden beisitzenden Schiedsrichter 1.050,00 EUR;

Nr. 2. Streitwerte über 5.000,00 EUR bis 50.000,00 EUR

Streitwert	Honorar für den Vorsitzenden / Einzelschiedsrichter	Honorar für jeden beisitzenden Schiedsrichter
bis 6.000,00 EUR	1.560,00 EUR	1.200,00 EUR
bis 7.000,00 EUR	1.755,00 EUR	1.350,00 EUR
bis 8.000,00 EUR	1.950,00 EUR	1.500,00 EUR
bis 9.000,00 EUR	2.145,00 EUR	1.650,00 EUR
bis 10.000,00 EUR	2.340,00 EUR	1.800,00 EUR
bis 12.500,00 EUR	2.535,00 EUR	1.950,00 EUR
bis 15.000,00 EUR	2.730,00 EUR	2.100,00 EUR
bis 17.500,00 EUR	2.925,00 EUR	2.250,00 EUR
bis 20.000,00 EUR	3.120,00 EUR	2.400,00 EUR
bis 22.500,00 EUR	3.315,00 EUR	2.550,00 EUR
bis 25.000,00 EUR	3.510,00 EUR	2.700,00 EUR
bis 30.000,00 EUR	3.705,00 EUR	2.850,00 EUR
bis 35.000,00 EUR	3.900,00 EUR	3.000,00 EUR
bis 40.000,00 EUR	4.095,00 EUR	3.150,00 EUR
bis 45.000,00 EUR	4.290,00 EUR	3.300,00 EUR
bis 50.000,00 EUR	4.485,00 EUR	3.450,00 EUR

Das Honorar eines beisitzenden Schiedsrichters errechnet sich bei höheren Streitwerten wie folgt:

Nr. 3. Streitwerte über 50.000,00 € bis 500.000,00 €

3.450,00 € plus 2% des 50.000,00 € übersteigenden Betrags;

Nr. 4. Streitwerte über 500.000,00 € bis 1.000.000,00 €

12.450,00 € plus 1,4% des 500.000,00 € übersteigenden Betrags;

Nr. 5. Streitwerte über 1.000.000,00 € bis 2.000.000,00 €

19.450,00 € plus 1% des 1.000.000,00 € übersteigenden Betrags;

Nr. 6. Streitwerte über 2.000.000,00 € bis 5.000.000,00 €

29.450,00 € plus 0,5% des 2.000.000,00 € übersteigenden Betrags;

Nr. 7. Streitwerte über 5.000.000,00 € bis 10.000.000,00 €

44.450,00 € plus 0,3% des 5.000.000,00 € übersteigenden Betrags;

Nr. 8. Streitwerte über 10.000.000,00 € bis 50.000.000,00 €

59.450,00 € plus 0,1 % des 10.000.000,00 € übersteigenden Betrags;

Nr. 9. Streitwerte über 50.000.000,00 € bis 100.000.000,00 €

99.450,00 € plus 0,06% des 50.000.000,00 € übersteigenden Betrags;

Nr. 10. Streitwerte über 100.000.000,00 €

129.450,00 € plus 0,05% des 100.000.000,00 € übersteigenden Betrags;

Nr. 11. sind an einem schiedsrichterlichen Verfahren mehr als zwei Parteien beteiligt, so erhöhen sich die in dieser Gebührentabelle aufgeführten Beträge für Schiedsrichterhonorare um 20 % für jede zusätzliche Partei. Die Schiedsrichterhonorare erhöhen sich höchstens um 50 %;

Nr. 12. bei Einreichung einer Widerklage kann der DIS-Ernennungsausschuss auf Antrag des Schiedsgerichts und nach Anhörung der Parteien bestimmen, dass die Schiedsrichterhonorare gemäß Nr. 1–11 nach den Streitwerten von Klage und Widerklage jeweils gesondert berechnet werden;

Nr. 13. in Fällen von besonderer rechtlicher Schwierigkeit und/oder tatsächlicher Komplexität kann, insbesondere unter Berücksichtigung des Zeitaufwandes, der DIS-Ernennungsausschuss auf Antrag des Schiedsgerichts und nach Anhörung der Parteien eine angemessene Erhöhung des Schiedsrichterhonorars nach Nr. 1–12 um bis zu 50 % bestimmen;

Nr. 14. ist beim Schiedsgericht die Anordnung einer vorläufigen oder sichernden Maßnahme nach § 20 beantragt, so erhöht sich das Schiedsrichterhonorar um 30 % des Honorars zum Zeitpunkt der Antragstellung;

Nr. 15. das Honorar gemäß Nr. 3–14 erhöht sich für den Vorsitzenden des Schiedsgerichts und den Einzelschiedsrichter um 30 %;

Schriftenreihe der August Maria Berges Stiftung für Arbitrales Recht

Herausgegeben von Dr. Hubertus W. Labes

Band 1 August Maria Berges – Ausgewählte Schriften zum Schiedsrecht. Herausgegeben von der August Maria Berges Stiftung für Arbitrales Recht. 1998.

Band 2 Iris Koch: Außergerichtliche Streitbeilegung im japanischen Wirtschaftsverkehr unter besonderer Berücksichtigung der Schiedsgerichtsbarkeit. 2000.

Band 3 Hans-Claudius Scheef: Der einstweilige Rechtsschutz und die Stellung der Schiedsrichter bei dem Abschluß von Schiedsvergleichen nach dem deutschen und englischen Schiedsverfahrensrecht. Eine rechtsvergleichende Untersuchung. 2000.

Band 4 Dominik Lentz: Die internationale Wirtschaftsschiedsgerichtsbarkeit in der Russischen Föderation. Darstellung und Analyse anhand der Praxis des internationalen Handelsschiedsgerichts bei der Handels- und Industriekammer der Russischen Föderation. 2000.

Band 5 Torsten Lörcher: Neue Verfahren der internationalen Streiterledigung in Wirtschaftssachen. Verfahren vor dem Internationalen Seegerichtshof, WTO-Panelverfahren, ICSID- und WIPO-Schiedsverfahren. 2001.

Band 6 Julia Tief: Discovery und Informationspflichten der Parteien in der Internationalen Schiedsgerichtsbarkeit. Ein deutsch-amerikanischer Vergleich. 2000.

Band 7 Richard Happ: Schiedsverfahren zwischen Staaten und Investoren nach Artikel 26 Energiechartavertrag. Eine Studie zum Wandel der Streitbeilegung im Investitionsschutzrecht unter den Bedingungen einer globalen Weltwirtschaft. 2000.

Band 8 Jörn Schämann: Schiedsgerichte unter staatlicher Kontrolle. Das englische Recht und das UNCITRAL-Modellgesetz. 2001.

Band 9 Jana Dominique Jaeger: Die Umsetzung des UNCITRAL-Modellgesetzes über die internationale Handelsschiedsgerichtsbarkeit im Zuge der nationalen Reformen. 2001.

Band 10 Michael Kronenburg: Vollstreckung ausländischer Schiedssprüche in den USA. Die Rechtsprechung US-amerikanischer Gerichte. 2001.

Band 11 Jan-Michael Ahrens: Die subjektive Reichweite internationaler Schiedsvereinbarungen und ihre Erstreckung in der Unternehmensgruppe. 2001.

Band 12 Klaus Peter Berger: Arbitration Interactive. A Case Study for Students and Practitioners. 2002.

Band 13 Daniel Paul Simms: Das Recht der Schiedsgerichtsbarkeit in Irland. 2002.

Band 14 Johann von Pachelbel-Gehag: Das reformierte deutsche und schwedische Schiedsverfahrensrecht. Eine vergleichende Betrachtung unter Berücksichtigung des UNCITRAL-Modellgesetzes über die internationale Handelsschiedsgerichtsbarkeit. 2002.

Band 15 Volker Nienaber: Die Anerkennung und Vollstreckung im Sitzstaat aufgehobener Schiedssprüche. 2002.

Band 16 German Institution of Arbitration (ed.): Financial Capacity of the Parties. A Condition for the Validity of Arbitration Agreements? Based on a Conference organized by the German Institution of Arbitration (DIS) on November 29th 2002 in Berlin. 2004.

Band 17 Frank Martens. Wirkungen der Schiedsvereinbarung und des Schiedsverfahrens auf Dritte. 2005.

Band 18 Claudia Krapfl: Die Dokumentenvorlage im internationalen Schiedsverfahren. Ein deutsch-US-amerikanischer Vergleich. 2007.

Band 19 Michael Christ: Berichtigung, Auslegung und Ergänzung des Schiedsspruchs. Das schiedsgerichtliche Korrekturverfahren nach § 1058 ZPO. 2008.

Band 20 Carsten Schmidt: Prozessuale Meistbegünstigung im völkerrechtlichen Investitionsschutz. 2008.

Band 21 Philipp K. Wagner: Abstimmungsfragen zwischen Internationalem Insolvenzrecht und Internationaler Schiedsgerichtsbarkeit. Unter besonderer Berücksichtigung der Anerkennung grenzüberschreitender Insolvenzen durch Schiedsgerichte. 2008.

Band 22 Deutsche Institution für Schiedsgerichtsbarkeit e.V. (Hrsg.): Die neue ICC-Schiedsgerichtsordnung. 2012.

Band 23 Nils Christian Wighardt: Rückverweisung des Schiedsspruchs an das Schiedsgericht. Vorschläge zur Reform nach Art. 34 Abs. 4 UNCITRAL-Modellgesetz. 2013.

Band 24 Christoph Grenz: Der Faktor Zeit im Schiedsverfahren. 2013.

Band 25 Annekathrin Holzberger: Die materiellrechtliche und kollisionsrechtliche Einordnung des Schiedsrichtervertrages. 2015.

Band 26 Sven Hasenstab: Regulierung anwaltlicher Parteivertreter in internationalen Schiedsverfahren. Rechtlicher Rahmen für in- und ausländische Rechtsanwälte vor Schiedsgerichten mit Sitz in Deutschland. 2015.

Band 27 Max Wilhelm Oehm: Das Rechtshilfeverfahren in Beweissachen nach 28 U.S.C. § 1782 in der internationalen Handels- und Investitionsschutzschiedsgerichtsbarkeit. 2016.

Band 28 Mirko Widdascheck: Die UNCITRAL Arbitration Rules als *semi-institutionelle* Schiedsverfahrensregeln. 2016.

www.peterlang.com